RUDOLF STEINER

Die Sendung Michaels.
Die Offenbarung der eigentlichen Geheimnisse des Menschenwesens

ミカエルの使命

人間本来の秘密の開示

危機の時代の
人智学
3

ルドルフ・シュタイナー
高橋 巖［訳］

春秋社

目次

共同体を人智学的に形成するために　全二講

シュトゥットガルト　一九二三年二月二七日・二八日

ミカエルの使命

人間本来の秘密の開示

ミカエルの使命

人間本来の秘密の開示

全六講

ドルナハにて

1919年11月21日～30日

Die Sendung Michaels.

Die Offenbarung der eigentlichen Geheimnisse des Menschenwesens

第一講

一九一九年一一月二一日

これから六日間にわたってお話しするのは、私たち現代の人間がミカエルという霊的存在の力とどう関わることができるのか、その関わりの仕方についてです。ミカエルの力は地上のいっさいの出来事に、それゆえにまた、地上の霊的な出来事にも関与しています。そこで、そのときに問題になる事柄を、今日はあらためてはっきり意識しておくことが必要だと思うのです。

実際、私たちの周囲の環境の中にいつでも認めることのできるさまざまな徴候から、ミカエルの力のさまざまな関与を意識しておくことが必要だからです。そしてそのためには、さまざまな観点が必要です。私たちが霊的世界に真剣に向き合おうとするなら、この地上の物質界における霊的な力の開示に、いつでも眼を向けることができます。私たちはそのことをふまえて生きるのでなければなりません。

私たちは物質界のいわばヴェールを通して、霊界の働きに出会おうとしています。物質界に存在するものなら、誰でも観察できます。一方、霊的な働きは、物質界の与える謎を霊界と関連づけて解くことを教えています。私たちはそのために、物質生活の謎を正しい仕方で感じとらなければならないのです。

こういう重要な事柄に際しては、この連続講義に先行する時期にこの場所でお話ししてきた事柄を、真剣に受けとめていただかなければなりません（『霊智学―内なる人間の謎』、全集番号160―未刊）。すなわち、私たちは世界についての自分の個人的な見解を、人類全体、世界全体に関わる理解と結びつけることができずにいます。ですから、まず私たちは、単なる個人的な利害関係から自由にならなければなりません。個人的な事柄の中に閉じこもっている限り、一人ひとりがこの世で何をしたらいいのかを、そして一人ひとりの存在の価値を正当に評価し、洞察することができないのです。

ご承知のように、私たちの地上の進化の前に、別の進化が存在していました。つまり私たちはまったく宇宙的な進化を通して生きてきたのです。しかしご承知のように、この宇宙的な進化は、さらに先へ歩みを進めていくと、あるところに達し、そしてそこを超えて、さらにより先へ進化を続けていきます。

しかし、それだけではありません。このこともご承知のように、私たちが宇宙そのものを考察するとき、地上で遭遇する鉱物、植物、動物、そして人間だけでなく、これらの存在たちよりも上位に位置する存在たちにも出会います。つまり高次のヒエラルキアに属する存在たちにも、です。私たちが進化を全体として考察するときには、この高次のヒエラルキア存在たちのことも考慮に入れなければならないのです。

　この高次の存在たちも進化し続けています。私たち自身の人間の進化、並びに地上の他の鉱物、植物、動物の進化と同じように進化を遂げてきたのです。

　どうぞ次のように考えてみて下さい。――ご承知のように、私たち人間は、土星紀、太陽紀、月紀を通して進化を遂げ、そして今、地球紀を生きています。ですから、この私たちの宇宙的進化のことをふまえるなら、今私たちは地球環境の中にあって、進化の第四段階に達している、と言うことができます。

　そこであらためて、私たちの人間段階のすぐ上に位置する「天使」と呼ばれる存在たちのことを考えてみましょう。もし類比だけを問題にするのなら、こう述べることができます。――この本性たちは、人間存在の形態とはまったく異なる形態をもっているので、今のところ、人間の身体上の感覚では知覚できないとしても、木星紀の発展段階に立っている、と。

　次いで大天使たちに眼を向けますと、彼らは金星紀に人類が到達するであろうような進化段階に立っています。そしてアルヒャイたち、つまり時代霊という、私たちの地上の進化の中にまったく独特の仕方で聳《そび》えている本性たちに眼を向けますと、この本性たちは、すでにヴルカン星紀の進化の中に立っているのです。

ここで重要な問いが生じます。時代霊よりもさらに一段高次のクラスの本性たち、いわゆる形態霊のヒエラルキアに属する本性たちも存在します。この形態霊たちはどんな段階に立っているのでしょうか。この形態霊たちは、私たち人間の未来の進化、ヴルカン星紀として仰いでいる段階をすでに超えています。ですから、私たちの考察の対象としている七つの段階を超えて、すでに第八の段階に立っています。私たち人間が進化の第四段階に立っているとすると、形態霊は第八段階に立っています。

しかし、進化の諸段階を考えるときには、それを空間的に並べるのではなく、互いにみんな浸透し合っている、と考えなければなりません。大地を取り巻いて、大地に浸透して大気圏が存在しているように、形態霊の属するこの第八の進化圏も、私たち人間の存在圏に浸透しているのです。そこでまず、進化のこの二つの段階にしっかり眼を向けようと思います。

私たち人間は、進化の第四段階に達した圏内に存在しています。しかし、それだけではありません。他のすべてのことを顧慮しなければ、形態霊たちは、私たちを取り巻き、浸透しながら、自分の領界であるこの第八圏内に存在しているのです。

そこで具体的に人間の進化を考えてみましょう。私たちはこれまでも繰り返して、この人間の進化を分節化して考察しました。私たちは人間の頭部の進化を頭部以外の進化と区別しました。私たちは頭部以外の部分を、さらに二つの部分、胸部と肢体部とに分けましたが、今はそのことを考慮しないでおきます。私たちは人間の中に、頭部の進化に属するものと頭部以外の進化に属するものとに分けようと思います。

　そこで次のようにイメージしてみて下さい。私たちは今、海の中にいて、水中を歩いて渡っているのです。頭部だけは水面から突き出ています。次いで、もちろんイメージするだけですが、現在の人間の状況をこうイメージしてみて下さい。頭部が根を下ろしている部分のすべてを、進化の第四段階に数え入れるのです。そして人間が歩いて渡っているところ、または泳いで渡っているところ、つまり海の水は、進化の第八段階なのです。そのとき、独特な状況がイメージできます。人間の頭部だけが形態霊にまで発達させている圏内（世界）から抜け出ているのですから。人間は、頭部の形成に関しては、形態霊の本質に浸透されることから解放されているのです［図1］。

［図1］

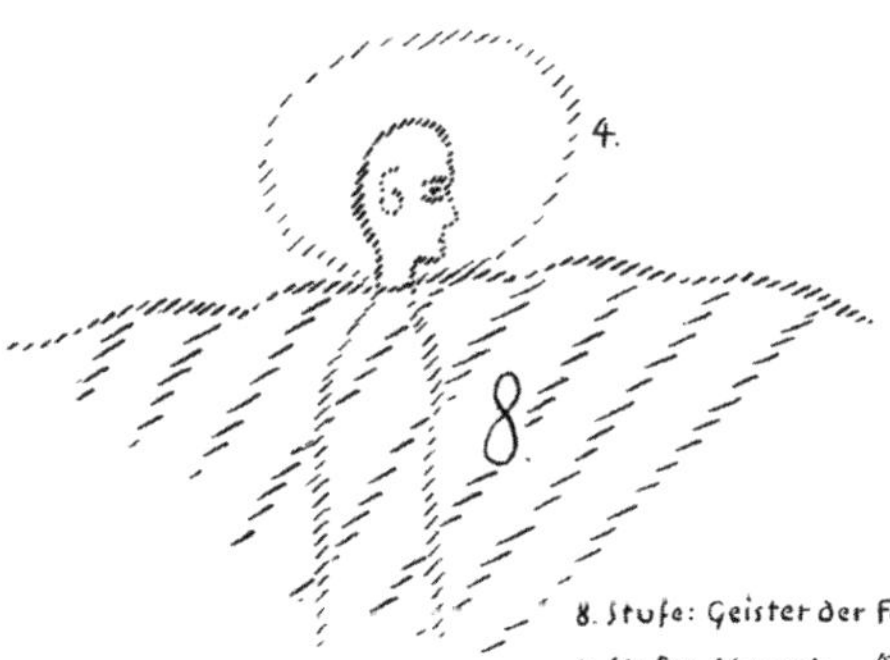

8. Stufe: Geister der Form　第8段階：形態霊
4. Stufe: Mensch　第4段階：人間

このことが根本的に納得できなければ、人間を本当に理解することはできません。なぜなら宇宙における人間の位置は、このことを通して初めて理解できるのですから。人間は形態霊の側からの創造的な働きかけを、自分の頭脳の能力によってではなく、頭部以外の生体による頭部への働きかけによって感じとっているのです。

私たちは呼吸をします。外的、生理学的に語るなら、この呼吸は、私たちの血液の循環と関連しています。しかし、血液は頭部にも流れています。そのことによって、頭部は、他の生体部分との有機的、生命的な関連を保っていられます。頭部は他の生体部分によって養われ、生かされているのです。

ですから、二つの事柄を厳密に区別することができなければなりません。第一に頭部は外界と直接関わりを保っています。ある事柄を見るときは、眼によってその事柄を直接知覚します。その場合、外界と皆さんの頭との間には、直接的な関連があります。しかし皆さんが皆さんの頭の生命を考察し、頭がどのように呼吸過程、血液循環過程によって生かされているかを考察するなら、血液が他の生体部分から頭部にまで流れているのですから、その場合、頭部と環境との間には、直接的ではなく、間接的な関連しか存在しない、と言わなければなりません。

もちろん、空気は口や鼻から吸い込むのですから、呼吸は頭部に直接関係している、と言うことはできます。けれども、口によって取り込んだものは、生体の働きとしては、本来、頭にではなく、他の生体部分に属しているのです。

今取り上げたこの基礎概念にまず眼を向け、私たちが二つの圏内にいる、という考えをしっかり保持して下さるなら、これからお話しすることを理解する土台ができたと言えると思います。

一方の圏内での私たちは、土星紀、太陽紀、月紀を通して進化し、そして今、地球紀の進化を辿っています。今、進化の第四段階を生きています。しかしそれだけではなく、さらに私たちは別の生命圏内でも生きているのです。私たちは、地球紀を生きていると同時に、形態霊に属する圏内にも生きているのです。この生命圏は、私たちの地球に浸透しているのですが、私たちの頭部だけは、そこから排除されています。ですから私たちは、頭部以外のすべての生体と共に、感覚的な知覚以外のすべてと共に、この第八圏内にいるのです。以上のことをふまえるなら、これからお話しすることを理解する土台ができたのです。

とはいえ、もっと別の諸概念によっても、この土台作りをすることができます。私たちが人生をこういういろいろな影響の下に考察するときには、これまでも繰り返し述べてきたように、ルツィフェル的本性、アーリマン的本性という、世界の出来事に関与している本性たちのことを無視するわけにはいきません。

ここであらかじめ、この存在たち、ルツィフェル的、アーリマン的な本性たちのもっとも外的な特質に眼を向けようと思います。この本性たちは、私たち人間と同じ生活圏内に住んでいます。この本性たちのもっとも外的な部分に眼を向けますと、ルツィフェル的本性たちはみんな、空想力、想像力の所持者なのです。私たちが一面的に空想にふけり、夢想にふけるときの、力の所持者なのです。いわば、私たちの本性が頭を超えようとするときに感じる力の所有者なのです。

　私たちが人間として自分の頭を超えていこうとするときの力は、私たちの人間組織の中で一定の役割を演じているルツィフェル的存在という宇宙的な力の働きなのです。この存在を、私たちの内部で頭を超えていこうとする力から形成されている、と考えてみるなら、私たちの人間界と一定の関係にあるルツィフェル的存在たちが見えてきます。

　逆に、私たちを大地に拘束する働きのすべて、私たちに俗物的な態度をとらせ、私たちを唯物的な立場に駆り立てるすべて、私たちに無味乾燥な知性を浸透させるすべてには、アーリマンの力が支配しています。

　今、魂の問題として述べた事柄のすべては、体の問題としても語ることができます。そもそも人間は、血が求めるものと骨が求めるものとの一種の中間に位置しているのです。骨は私たちを常に硬直化しようとしています。別の言葉で言えば、骨は私たちのからだをアーリマン的に硬化しようとしています。

血は私たちを、私たち自身を超えて進ませようとしています。病理学的に言えば、血は発熱させることができます。生理的にも妄想に駆り立てることができるのです。

骨はみずからの作用を骨以外の生体にまで拡げることができます。そうすると、人間は硬化されます。ほとんど誰でも老人になると或る程度そうなるのですが、硬化して、頑固になるのです。そういうときの人間は、自分の生体の中に死の要素を担っています。その要素が、アーリマン的なものなのです。

血の中にあるものはすべて、ルツィフェル的なものへの傾向をもっており、骨の中にあるものはすべて、アーリマン的なものへの傾向をもっています。そして人間はこの両方の間でバランスをとっているのです。魂の状態においても、空想、夢想と覚めた俗物根性との間で、バランスをとっています。

けれども私たちはまた、この二つの本性をもっと深く性格づけることもできます。ルツィフェル的本性たちは、宇宙存在としては、何をしようとしているのでしょうか。世界を、特に人間世界を、本来の人間創造に従事する本性たちから離反させようとしているのです。このことに特別の関心をもっているのです。そもそもルツィフェル的本性たちは、世界を神的本性たちから離反させることしか望んでいません。

ルツィフェル的本性たちは、世界を自分のものにしようとしているのではありません。ルツイフェル的本性たちについてのこのような性格づけからも分かっていただけると思いますが、ルツィフェル的本性たちにとって、世界を自分のものにすることが目的なのではありません。目的は、人間を神的本性たちと感じている存在たちの働きを世界から遠ざけることであり、世界をそこから解放することなのです。

　アーリマン的本性たちは別の意図をもっています。アーリマン的本性たちは、人間界を、しかしそれと共に地球全体をみずからの勢力圏内に取り込んで、自分に依存させること、特にまず第一に人間そのものを支配することを意図しているのです。

　ですからルツィフェル的本性たちは、人間がみずからの神的なものと感じている存在から引き離そうとして働いており、これまでも常にそのために働いてきたのですが、アーリマン的本性たちは、人類を、そして人類に属するすべてを自分の勢力圏内に引き入れようとしているのです。

　このように私たちの宇宙の中には、絶えず自由を、宇宙的な自由を求めて働くルツィフェル的本性たちと、常に権力を求めるアーリマン的本性たちとの間の戦いが生じています。この戦いは私たちの存在するあらゆるところに浸透しています。どうぞこのことを、私たちのこれからの考察によって重要な第二の理念として確保して下さい。私たちの生きているこの世界は、ルツィフェル的本性たちとアーリマン的本性たちに浸透されているのです。そしてルツィフェル的本性たちの自由への傾向とアーリマン的本性たちの権力志向の方向との間で、決定的な対立が生じているのです。

　この問題を全体として考察すると、世界は三の数と結びつけて考察するとき初めて理解できる、ということが分かってきます。なぜなら一面においてルツィフェル的なすべてがあり、他の面においてアーリマン的なすべてがあって、その中間に第三のものとして人間が位置づけられているのですから。人間はこの二つの側面の間に立って均衡を保とうとすることの中に、みずからの神的なものを感じとらなければなりません。このように感じとることによってのみ、正しい人間理解、世界理解に到ることができるのです。私たちの人生は、この三統一を基本にした、天秤の竿《さお》のようなものなのです。

　一方にはルツィフェル的な皿がありますが、この皿はむしろ上へ引き上げようとしています。もう一方の皿はアーリマン的な皿で、むしろ下へ引き下ろそうとしています。この天秤を均衡に保つのが人間本来の役割なのです。

　このルツィフェル的衝動とアーリマン的衝動の秘密を伝授された人たちは、古来、常に人間の霊性を進化させるために、人間の置かれている宇宙的位置は、三の数の意味でのみ理解できる、と主張してきました。三の数以外の数では宇宙の本来の在りようを理解することはできません。人間は宇宙的存在としては、ルツィフェル的なものを一方の皿とし、アーリマン的なものをもう一方の皿として、そしてその両者の均衡状態をキリスト衝動として、受けとるのでなければなりません［図2］。

そこで考えてみて下さい。アーリマン的な勢力にとってもルツィフェル的な勢力にとっても大事なのは、この三統一の秘密を隠しておくことなのです。なぜなら、この三の数の秘密を正しく受け容れると、アーリマン的な力とルツィフェル的な力との間の均衡状態を人間に許してしまうからです。つまり、一方において、自由へのすべての傾向を、まさにルツィフェル的なものを正しい宇宙目標に役立て、他方において、アーリマン的なものに対しても同じことを許してしまいます。人間のもっとも正常な精神状態は、正しい仕方で宇宙のこの三統一という在り方に身を置くことにあるのです。三の数が宇宙構造の根底にあるのですから。

三の数の意味に関して言えば、人間の精神生活、文化生活上、人間を混乱させようとする強力な傾向がありましたし、今でもあります。近代の文化の中に非常にはっきりと見てとることができるのですが、三の数によるこの区分は、二の数による区分によってほとん

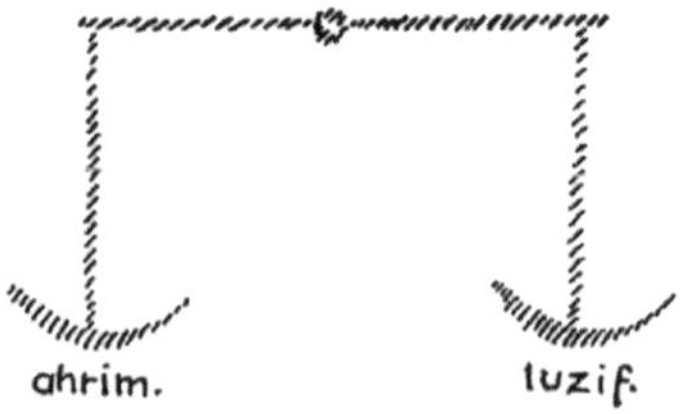

アーリマン　　ルツィフェル

［図2］

ど完全に覆い隠されているのです。

考えて下さい。たびたび申し上げたことですが、ゲーテの『ファウスト』を正しく理解するために、分かっていていただきたいのですが、この圧倒的な宇宙詩に到るまで、三の数についての混乱が作用しているのです。もしもゲーテがこういう事柄について彼の時代に完全に洞察することができていたら、ファウストの仇役として、メフィストフェレス的な力、ファウストを引きずり下ろす役としてのメフィストフェレス的な力だけを登場させるのではなく、アーリマン的な力にほかならない、このメフィストフェレス的な力に、ルツィフェル的な力を対置したはずなのです。そしてルツィフェルとメフィストフェレスを『ファウスト』における二つの仇役として登場させたでしょう。このことは何度もこの場所でも申し上げました。

ゲーテのメフィストフェレスの姿を研究してみると、ゲーテがいたるところで、メフィストフェレスの性格づけの中で、ルツィフェル的要素とアーリマン的要素とを混同しているのが分かります。ゲーテのメフィストフェレスの姿には、二つの要素が混ざっています。統一させているのではなく、ルツィフェル的な要素とアーリマン的な要素をまぜこぜにしているのです。このことは小冊子『ゲーテの精神様式』の中で、詳しく述べました。

ゲーテの『ファウスト』の中にまで及んでいるこの混乱が生じたのは――以前の時代では違っていましたが――、近代になって、三の数の代わりに二の数を尊重しようとする妄想が支配的になったことの結果でした。すなわち、一方に善の原理が、他方に悪の原理が、神と悪魔とが働いている、という宇宙構造が支配的になったのです。

　大切なのは、宇宙の構造に眼を向けるとき、三の数を大切にしなければならない、と考えることです。ルツィフェル的要素とアーリマン的要素を対置し、この両方の間に均衡を保ちつつ神的なものが働いている、と考えるのです。人類の精神の進化の中に、神と悪魔の両極性を、上なる神的、霊的な力と下なる悪魔的な力との対比を持ち込もうとすると、妄想に陥ってしまいます。人間を均衡状態から強引に引き離し、宇宙理解の本来の目標が三の数を正しく用いることにあるのを隠して、宇宙の構造が二の数に基いている、と信じ込ませることに成功すれば、人間はどんなに努力してみても、この誤謬《ごびゅう》から抜け出せなくなるのです。

　このことに気づいたなら、いっさいの先入見なしに、この三の原理の立場を貫かなければなりません。そして一度、先入見のないところに身を移さなければなりません。そうすることによって、事柄と名称を区別しなければなりません。そうしたら、ある本性に一定の名称を与えて、その本性がすでに正しい仕方で人間に感じとられているかのように思い込むこともなくて済むでしょう。

　人間が自分の神的な本性たちだと思えた本性たちを一度概念として把握しようとするのなら、こう言えなければなりません。――その本性たちをルツィフェル的原理とアーリマン的原理との間で均衡を保つもの、と考えるときにのみ、その本性たちを正しく感じとることができる、と。

三分節化するのでなければ、自分の神的なものを決して正しく感じとることはできません。どうぞこの観点に立って、ミルトンの『失楽園』やこの『失楽園』の影響の下に作られたクロプシュトックの『メシア』のような詩を考察してみて下さい。そこには基本的に三分節化された宇宙構造についてのどんな理解も見出せません。そこに見出せるのは、善と思われているものと悪と思われているものとの戦い、天国と地獄との間の戦いだけです。そのように人類の精神の進化の中に、対極性という妄想が持ち込まれたのです。その結果、大衆の意識の中に多様な仕方で根を下ろしている天国と地獄の対立という妄想が、この二つの近世の世界詩の中にまで持ち込まれたのです。

ミルトンやクロプシュトックが天上の存在たちを神的存在たちと呼んでいることは、何の役にも立ちません。人間が感じとるべき神的存在たちであるためには、三分節化された構造がその宇宙的生存の根底にあるのでなければなりません。そのとき初めて、善の原則と悪の原則との間の戦いに意味が生じるのです。

けれども、事情はどうあれ、今は二分節化が前提にされています。ですから、この二分節化の一方の側に善が結びつけられて、この側の存在たちのために本来、神に由来する名前が付与され、そしてもう一方の側には、悪魔の要素、神に敵対する要素が結びつけられているのです。しかし、そうすることで、実際には何が生じたのでしょうか。実際には、本来の神的要素が人間の意識から取り除かれ、ルツィフェル的なものに神の名が付与され、ルツィフェルとアーリマンの戦いに際しても、アーリマンにルツィフェル的特性が付与されて、ルツィフェルの国に神的特性が付与されるだけのことでしかなかったのです。

そもそも今述べてきた考察の及ぶ範囲がどれほど広いものか、どうぞ考えてみて下さい。人びとは、ミルトンの『失楽園』やクロプシュトックの『メシア』に見られるような対比によって、神的なものと地獄的な要素とを対比していると信じていますが、真実はルツィフェル的要素とアーリマン的要素とが対比されているにすぎず、本当の神的要素は、まったく意識されていないのです。その代わり、ルツィフェル的要素に神の名前がつけられているのです。

さて、ミルトンの『失楽園』とクロプシュトックの『メシア』は、近世における人類の意識が生み出した精神的所産です。これらの文芸作品の中に生きているものは、人類の一般的な意識なのです。二分法の狂気がこの近世における人類の意識の中に取り込まれ、そして三分法の真理が排除された結果、生じた意識なのです。

ひとつの文化的幻想を、一大妄想であり、近代人の大いなる妄想の所産でしかないものを、人類は、近世が成し遂げたもっとも深いものだと思っているのですが、一定の観点からはそう思うのも当然かもしれません。けれどもこの狂気の中で働いているすべては、基本的に、アーリマン的な影響の産物なのです。このアーリマン的な影響は、前にもお話ししたことのある「アーリマンの受肉」となって、いつかこの世に現れてくるでしょう。事実、私たちが今その中に立っている、この途方もない狂気は、近代文化、近代文明を生きる人たちのいる、いたるところから現れてくる「天国と地獄の対立」という幻想が惹き起した結果にほかならないのです。「天国」は、神的なものと思われています。そして「地獄」は、悪魔的なものと思われています。けれども本当は、一方では天国的と呼ばれたところにはルツィフェル的なものが、そして地獄的と呼ばれたところにはアーリマン的なものが、幅を利かせているにすぎないのです。

今意識していなければいけないのは、近代の精神史においてはどんな人間観が支配的か、ということです。人間有機体の三分節化、または人体存在全体の三分節化の立場は、すでに繰り返してお話ししてきたように、西洋文明の場合、八六九年のコンスタンティノープルでの第八回公会議によって、きびしく否定されてしまいました。キリスト教徒は三分節化された人間本性を信じてはならない、二分節化された人間本性だけを信じなければならない――、これがドグマ（教義）になったのです。体と魂と霊を信じることはタブーとして忌避されました。そして中世の神学者、哲学者の中で、真実について多くのことをなお心得ていた人たちは、その真実に何とか触れずに済むように努めました。なぜなら、いわゆるトリコトミー（人性三分説）、人間を体魂霊に三分節化する立場は、異端とされたのですから。その人たちは二分節化を説かなければなりませんでした。すなわち、人間は体と魂から成る存在であり、体と魂と霊から成る存在ではない、という説をです。三分節化の代わりに二分節を取り上げることが人間の精神生活にとってどれほど重大な結果を生じさせるか、特定の人たちにはよく分かっていました。

なぜ雑誌『時代の声』一九一九年八月号にイエズス会士ツィマーマンが以下のことを述べているのかを正しく理解するには、こういう精神史の深みに眼を向けなければならないのです。すなわち、彼はこう述べています。――教皇庁の聖務による最近の教令のひとつは、神智学の文献を読んだり所有したりすること、あるいはなんらかの神智学系の行事に参加することを禁じている。それは厳禁であって、告解による赦免の対象にはならない。

以上についてイエズス会士ツィマーマンは、『時代の声』、旧『マリアラーハ修道院の声』の中で、このことは特に人智学の場合にあてはまる、と述べています。つまり、ローマから正しいカトリック信者であると認められたい人は、人智学の本を読んではいけない、というのです。そしてその主要な理由のひとつとして、人間の本性を体と魂と霊に分けることが挙げられています。つまり、人間を体と魂の二つに分けるのが正しい信者の立場なのに、人智学は異端的な思想を説いている、というのです。

皆さんにはすでに何度も申し上げてきましたが、体と魂の二つに分ける分け方は、それとは意識されることなく、近代の哲学者たちの中に伝えられました。ですから近代の哲学者たちは、偏見のない、無条件の学問を研究していると信じているのです。この人たちは、正しい観察を行い、その結果、人間が体と魂から成り立っているという洞察に到った、と思い込んでいるのです。

けれどもこの人たちは、本当は、あの教義を通して近代精神の発展の中に入り込んできたものに従っているだけなのです。こんにちの公認の「科学」とみなされているものは、基本的には、近代の人類の進化の過程で世の中に組み込まれた事柄に、まったく依存しているだけなのです。

皆さん、皆さんが思っていらっしゃるような善なる言葉で、こういう観点から人智学を異端視している人たちの心を変えることができる、などとは思わないで下さい。ある種の好意を示すことでその人たちが人智学に関心を寄せさせるようになるなどとも思わないで下さい。人智学は、それ自身によって、世の中に通路をつけることができなければなりません。なんらかの贔屓《ひいき》や引立てによって世間に認められるのであってはならないのです。たとえ贔屓や引立てがどんなにキリスト教的な思いによってなされるのであっても、です。人智学はみずからの内なる力によってのみ、この世で達成されるべきものを達成することができるのです。

どうぞ考えてみて下さい。キリスト衝動はアーリマン的なものとルツィフェル的なものとの間の均衡衝動でなければなりません。キリスト衝動は、三位一体の中に正しく置くことができなければ、理解できないのです。いったい、どうしたら人びとを本来のキリスト衝動から引き離すことができるのでしょうか。三の数による真の宇宙構造を見えなくさせ、二の数の妄想の中に導き入れさえすれば、そうできるのです。二の数が正当でありうるのは、開示されたものにおいてのみです。開示されたものの背後に入って、真なるものの領域に身を置こうとするときには、開示されたものの領域に留まっていてはなりません。

こういう事柄においては、単なる名称にこだわっていてはなりません。何かをキリストと呼ぶだけでは、キリストに出会ったことにはなりません。三の数の代わりに二の数を置くときには、キリストという名称でキリストを言い当てることはできないのです。キリストについての正しい概念をもたれたら困る、と誰かが思ったとしたら、その人はただ三つの数の代わりに、二の数を置けばいいのです。そして真の意味でのキリスト衝動についてふたたび語るのであれば、二の数に三の数を対置すればいいのです。

私たちがこれまでの異端告発者と並んで、自分も異端告発者になる必要などありません。今日からミルトンの『失楽園』やクロプシュトックの『メシア』を呪われた悪魔の書である、と告発する必要などないのです。これらの書の美しさ、偉大さにこれからも喜びをもって接すればいいのです。ただ、はっきりさせておかなければならないのは、これらの書がみんなに好まれている近代文明のまさに華《はな》ではあっても、キリストについては何も述べていない、ということです。これらの書の思想は、人類の進化に属さないすべてを、一方では悪魔的なものに組み入れ、そしてその一方で神的なものを手に入れている、という妄想に由来するものなのです。

　しかし、その場合に手に入れているのは、神的なものではなく、ルツィフェル的なものなのです。ですからあらためて『失楽園』を書くとすれば、ルツィフェルの国から追放された人間たちが、アーリマンの国へ入っていくところを記述すればいいのです。そうすれば、その記述は、人びとの神的なものへの憧れを描くのではなく、人びとの失われた楽園への憧れを描くのですが、その憧れはルツィフェルの国への憧れにほかならないのです。ルツィフェルの国への人びとの憧れを美しく表現しているのが、ミルトンの『失楽園』であり、クロプシュトックの『メシア』なのです。ルツィフェルの国への憧れなら、みなさんはこれらの中にお認めになるでしょう。なぜなら、この憧れをこれらの書は描いているのですから。

　いいですか、皆さん、近代思想の中に入ってきたいろいろな表象内容は、一度根本的に吟味し直さなければなりません。こんにち、私たちが真剣に、人智学的に思考し、実感しようと決断するのでしたら、それは決して小さな決断なのではありません。私たちは今、大きな決断の前に立っているのです。私たちは今、しばしばニーチェが用いた言葉を非常に真剣に受けとろうとしているのです。それは、「いっさいの価値の転換」という言葉です。この言葉は非常に、非常に真剣に受けとらなければなりません。近代の人類の成果に関しては、まさに非常に評価を変えなければならないのです。

だからといって、決して異端者をバッシングする人になる必要はありません。私たちはずっとゲーテの『ファウスト』の諸場面を上演してきました。私自身、何十年かをゲーテの研究に捧げました。けれども私の小著『ゲーテの精神性』からも読みとっていただけると思いますが、このことはゲーテのメフィストフェレスの姿の中に生きている間違った性格づけに対して、私を盲目にはしませんでした。「ゲーテのメフィストフェレスは間違っている。だから、ないことにしよう」などということは、まったく俗物的な態度です。それではまったく異端審問官になってしまいます。私たちが近代人をそのような立場に置くことなど許されません。しかしまた、安易な態度で、近代人の精神生活の血肉となっているものに対して、何も問題提起しないでいることも許されません。今、人類は、途方もなく多くのことを学ばなければならないのです。人類は多くのことについて、価値の転換を行わなければならないのです。

こういうすべては、ミカエルがふたたび結びついている高次のヒエラルキアの存在たちに対するミカエルの使命に関係しています。ミカエルの本性から私たち地上の人間存在の中へ流れ込んでくる衝動を、どうしたら理解することができるようになるのか、それについてはこれからお話ししていくつもりです。

第二講

一九一九年一一月二二日

昨日は、大きな誤謬が私たちの近代的な精神生活の中に生じている、と申し上げました。この誤謬は、こんにちでもまだ、わずかな人たちによってしか、まともに理解されていません。昨日の話からきっと感じとっていただけたと思いますが、私たちはこの誤謬を意識することで、まさに霊学考察の非常に重要な地点に立つことになるのです。このことを意識するのは、人類の精神生活をゆたかに発展させる上で、必要不可欠なことなのです。

皆さんにお話ししたように、ミルトンの『失楽園』やクロプシュトックの『メシア』のような偉大な文芸作品は、こんにちに到る数世紀の間に通用するようになった「近代的思考」の所産です。まさにこのような傑出した文化上の所産においてはっきり見えてくるのですが、芸術だけでなく、精神全般の問題として、私たちが世界の構造を、霊的な在りようも含めて、三の原理ではなく、二の原理で理解しようとすると、私たちに必要な霊の概念を、それゆえにキリストの概念をも手に入れることができなくなってしまいます。ですから、私たちの魂の生活にとって非常に危険なことなのです。

一方で善、他方で悪を二の原理で区別するとき、私たちは誤謬に陥るのです。私たちがルツィフェル的とアーリマン的と呼んできたすべてを一括して「悪」に数え入れるという誤謬に陥るのです。二つの宇宙的な要素を一つにしてしまっても、そのことに気づかなくなってしまうのです。

そうなると、一方でルツィフェル的な要素を善に組み入れてしまいます。ですから神を敬《うやま》っていると信じ、神の認識に努めていると信じながら、神という名を使っているだけで、実際はルツィフェル的な要素を神と混同しているのです。その結果、純粋な神の概念、純粋なキリスト衝動の概念を人類と宇宙の進化の中に認めることが、私たちの時代になっても困難になっています。

私たちは、ここ数世紀の文化の影響で、この二の原理を認めてしまっていますから、一方で魂について語り、他方で体もしくは身体について語るようになりました。そして、魂的＝霊的なものをあらわす表象と体的なものをあらわす表象との間の関連を見失ってしまいました。

私たちはたいていの場合、学校で学んだ心理学に従って、思考と意志と感情を問題にするとき、ほとんど言葉の響きだけで語っています。この三つの魂の要素の本当に内的な、内容のある表象をもっていて、そう語っているのではないのです。私たちはその一方では、精神を失った物質、魂の欠けた物質について語ります。いわばこのもっぱら外なるもの、硬くて、石みたいな、魂のない物質をコツコツたたいているだけで、その物質から魂への橋渡しをすることができずにいるのです。

私たちにとって、いたるところに存在する霊的なものと、霊的なものでもある体的なものとが、二つの要素に分かれてしまっています。体的なものと霊的なものとの間に、橋を架けることができないのです。そして橋が架けられないものですから、私たちの学問的、科学的な思考全体が体と霊、または体と魂の分離状態に陥ってしまっています。

さまざまな信仰生活はこの分裂状態に陥った結果、霊的なものが直接、体的＝身体的なものに介入していることに気づくことなく、霊的なことに言及しています。そしてその一方で、魂を失った知識、魂のない自然考察は、体的な経過の中に働いている霊的＝魂的なものを洞察することができずにいます。

以上の観点から一九世紀から二〇世紀に到る自然科学の立場を眺めますと、こう言わざるをえないのです。――そこに見出せるすべては、今性格づけたことの結果をそのままあらわしている、と。

けれども、正しい在りようを覆い隠している妄想を検討する前に、まず事実を正しく明らかにしておかなければなりません。

　こんにちでは人間を統一体として考えます。魂について語るときも、体について語るときも同じです。魂をひとつの統一した本性として語り、体をひとつの統一した本性として語るのです。けれども、これまでの考察の中で明らかにしてきたように、人間本性の場合、頭部の形成に関わるすべてと、それ以外の人体のすべてとの間に大きな違いがあるのです。（今のところ、頭部以外の人体部分についての区分はしません。その部分を頭部以外の人体部分としてまとめていますが、さらに区分することができます。）

　私たちは人間の進化を問題にするとき、頭部の形成に関わる人間の進化と他の身体部分に関わる人間の進化とを、別の仕方で考察しなければならないのです。今はもっぱら身体だけを問題にしているのですが、この頭部が感覚的知覚もしくは思考や表象のための器官である限り、私たちは人間の宇宙進化を遠くまで遡っていかなければなりません。私たちの知っている人間の頭部は、次第に進化し形を変えてきました。人間の頭部は、古土星紀を通り、古太陽紀を通り、古月紀を通って進化を遂げ、そして地球紀の間も進化し続けてきました。

　しかし、人間の他の身体部分はそうではありません。人間の身体全体のために統一した進化の歴史を考えたら、まったく間違ってしまいます。

　私たちの地球形成のこれまでのすべての惑星段階、月紀、太陽紀、土星紀にまで遡ることのできる頭部の形成、最後に人間の頭部となって直接的な完結を見出した頭部の形成は、遠く土星紀にまで進化を遡ることができるのです。しかし人間に属する他のすべての部分を取り込んで考えると、土星紀にまで遡ることはできません。頭部以外の人体部分は、胸部の形成に関しては、月紀にまで遡ることができるだけですし、肢体は地球紀になって初めて人体に結びついたのです［図3］。

人間を正当に考察するには、比較の意味で、次のように言わなければなりません。どうぞこのことを比較の意味で考えてみて下さい。

仮説として次のように考えることは容易です。――人間は、内なる成長状況に対応した宇宙における有機的状況、適応状況に応じて、なんらかの新しい肢体を付け加えてきた、と。もしもそうだったとしたら、人体形姿全体を以前の進化紀にまで遡る必要はありません。こう言えばよいだけです。――人間の進化のあとを辿っていくと、そのつど特定の時点で、あれこれの

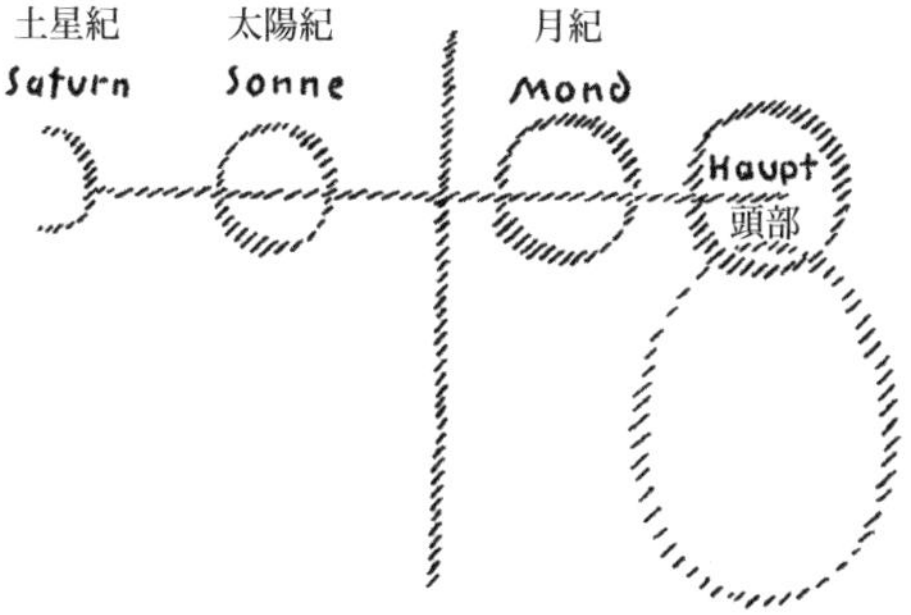

［図3］

肢体部分が付け加えられてきたことが分かる、と。

　頭部とそれ以外の人間部分とに関して、そのような考え方をしないでいるのは、純粋に外的な空間上の大きさの点で、頭部よりもそれ以外の人間部分のほうがずっと大きいからにほかなりません。けれども、頭部の形成ははるか遠い過去にまで遡り、他の部分の形成はずっと後になって付け加えられたのです。進化の上で人間と他の動物界との関連を語るのでしたら、人間の頭部は、以前の動物形成にまで遡ることができます。人間の頭は、変化した動物の姿なのです。非常に激しく変化した動物の姿なのです。

　まだどこにも動物が存在しなかった頃、人間が外的に、もちろんまったく違った物質環境の中で、ひとつの動物形態をもっていました。現在の動物たちは、ずっとあとになって、人間に付け加えて、作り出されました。しかし人間の持っていた動物形態は、こんにち、人間の頭になったのです。そしてその頭に付け加えられた残りの生体は、現在の動物たちの進化と同じ時期になって初めて、頭部に付け加えられました。ですからこのことは、現在の動物とはまったく関係がありません。

　したがって、人間のもっとも高貴な部分と思われている頭部は、動物にまで起源を遡ることができます。この点で人間自身、かつては一種の動物の姿をしていたのです。そして頭以外の部分は、動物たちの進化と並んで、宇宙進化の中で、いわば頭部のための有機的付加物として付け加えられたのです。

さて、この頭部は、私たちの思考器官になりました。まさに動物の素性をもっているものが、私たちの思考器官になったのです。もちろん動物の素性とは言っても、まったく特殊な素性ではありますけれども。

こんにち人間の頭を解剖してみても、動物の姿に由来するものをすぐに見つけ出せるわけではありません。しかしよく観察して、頭の諸器官の形を正しく読みとることができれば、それらの器官が形を変えた動物本性の器官であることが分かるはずです。

さて、このことに注目するなら、人間の頭のために動物の本性からの造り変えが生じたのは、この頭の中にすでにうしろ向きの進化が入り込んでいた結果なのだ、ということにも注意を向けなければなりません。進化の以前の諸段階においてまったく生きいきとした生命のいとなみだったものが、人間の頭部においては、すでに死滅の途上にあり、人間の頭部においてうしろ向きの進化を辿っているのです。

以前、私はこう述べたことがあります。もしも人間が頭だけだったら、そもそもまったく生きられなかったであろう、と。そのときの人間は絶えず死んでいかなければならなかったでしょう。なぜなら人間の頭だけの働きによる有機的な関連は、生きる経過ではなく、死ぬ経過なのですから。頭の中に存在しているものは、頭以外の生体によって絶えず新たに生かされているのです。頭が生体の生命に関与できているのは、生体のほかの生命のおかげなのです。

頭がみずからの有機的な働きだけに頼っていたなら、つまり感覚的知覚の働きと表象の働きだけに頼っていたなら、頭は絶えず死んでいかざるをえないでしょう。

頭は絶えず死への傾向をもっているのです。ですから、頭のために絶えず生命を呼び起こさなければならないのです。私たちが思考するとき、私たちが感覚で知覚するとき、私たちの頭の中で、私たちの神経組織の中で、そして感覚器官と神経組織の結びつきの中で、高まる生命過程が、成長にふさわしい生命過程が生じるのではありません。なぜなら、そういう生命過程のためには、眠ることしかできないでしょうから。深い眠りの中に沈み込むしかないでしょうから。そのときの私たちは、明るい意識で思考することなど決してできないのです。絶えず死が私たちの頭に浸透することによってのみ、絶えざる逆の進化が存在することによってのみ、有機的な経過が絶えず逆の方向を辿るときにのみ、私たちの頭の中で、思考と感覚的知覚が活動できるのです。

唯物論的な仕方で脳の働きから思考や感覚的知覚を説明しようとする人は、頭の中でどんな経過が生じるのか、まったく分かっていません。そういう人は、生体の成長と同じような経過が生じていると思っているのです。しかし、そんなことはありません。感覚的知覚や表象と並行して生じる生体の働きは、成長ではなく、死滅の経過であり、崩壊過程であり、破滅過程なのです。有機的、物質的なものは、まず取り除かれ、破壊されなければなりません。そうしたら、思考過程が有機的な崩壊過程の上に立ち現われるのです。

皆さん、こんにちの人は、事柄を外から理解しようとします。人間は思考する。人間は感覚によって知覚する。ただそう思っています。けれどもそのとき、それと並行して生体の中で何が進行しているかについては、何も分かっていません。その経過はこんにちの人の無意識の中に留まっています。私の著書『いかにして超感覚的世界の認識を獲得するか』に述べられているような経過を通して、人は初めて、次第に新しい認識に到るようになります。その新しい認識は、人びとが習慣的にただ「魂」と呼んでいる感覚的知覚や思考の枠組からはみ出ています。この書に述べられているような仕方で発達していくときの魂は、一方では思考や感覚的知覚を働かせていますが、それと同時に、脳の中で生じていることをも知覚しています。そのときには、成長過程として感じられるものを知覚するのではなく、衰退過程を――頭部以外の生体部分によって絶えず調整されなければならないような衰退過程を、知覚するのです。

皆さん、このことは、私たちの頭の活動を本当に認識するときには避けることのできない、悲劇的な随伴現象です。見霊的に見れば、思考したり、感覚的に知覚したりするときの頭の生命経過が栄えていくとは思えないのです。ある破壊過程を経験させられるのです。唯物論的な立場に立つ人は、考えたり感覚的に知覚したりするときにまさに除外されているような過程が頭の中に生じている、と思っています。ですから唯物論は、真実であることのまさに正反対の立場に立っているのです。

　人間の頭部においては、動物性からの進化が問題になります。そして今、この進化が逆の方向に向いています。つまり、衰退に向かいつつあるのです。上昇する進化を今辿っているのは、頭部以外の生体部分なのです。

　とはいえ、この頭部以外の部分が魂的＝霊的なものに、そして人間における魂的＝霊的なものの体験に、関与していないと思ってはなりません。血液が絶えず頭部の中へ、他の生体部分から流れていくだけでなく、宇宙（世界）を、したがって私たちの生体をも織り成している、あの魂的＝霊的な思考像もまた、絶えず頭部の中へ流れ込んでいるのです。

　人間は、こんにちの通常の状態においては、この魂的＝霊的な思考像をまだ知覚していません。けれども、人間が自分自身の本性から生み出す思考像を知覚しなければならない時代がすでに始まっているのです。ご承知のように、私たちは眠ってから目覚めるまでの間だけ眠っているのではありません。私たちの本性のある部分は、一日中眠り続けています。本来、私たちは、思考、表象と感覚的知覚に関してのみ目覚めています。感情生活に関しては、夢見ています。そして意志生活に関しては、完全に眠っているのです。なぜなら、私たちの欲しているものについては、私たちはただその思考内容の思いだけを知っているのであって、欲することの経過を知っているわけではないのですから。

そもそも意志のしていることは、私たちの意識にとって、眠ってから目覚めるまでの睡眠時の生活と同じように、無意識に進行しています。

しかし、神的な知とも言うべきものは、どのような道を通って人間のところに達することができるのでしょうか。もしもそう問うてみるなら、私たちは頭を通る道、感覚的知覚と思考を通る道を指示するわけにはいきません。私たちの頭部以外の生体部分を通る道を指示することしかできません。

人間に関する大きな圧倒的な秘密があります。人間は長い進化の過程で頭部を進化させてきたのですが、そのあとから頭部以外の生体が付け加えられました。頭部はすでに逆行する進化を辿り始めています。人間が自分の神的なものと感じることのできるものは、頭部以外の生体を通して人間に語りかけて来なければならないのです。頭部を通してではないのです。そしてこのことが重要なのですが、頭部を通して人間に語りかけてくるのは、今のところ、ルツィフェル的本性たちだけなのです。

ですから、こう言うことができます。——他の生体部分が頭部に付け加えられたのは、神々が人間に語りかけることができるためなのだ、と。

旧約聖書のはじめに出ているのは、「そして神は人間に光線を送った。そして人間は生ける魂になった」ではありません。「神は生きた息吹を吹き込んだ。そして人間は生ける魂になった」なのです。ここにはっきり示されているのは、神の衝動は頭の働きを通して人間に来るのではない、ということです。

皆さん、このことからも分かっていただけると思いますが、はじめこの神的衝動は、一種の無意識的な見霊として、人間のところに来ることができたのです。もしくは少くとも、無意識的な見霊によって与えられたものの理解を通して、です。旧約聖書の中には（このことは別の考察からでも知ることができますが）、無意識の見霊の成果が述べられています。旧約聖書の作成にたずさわった人たちもこのことを知っていました。

今日は皆さんに、旧約聖書の成立について述べる余裕はありませんが、ここで申し上げておけば、これまで多くの考察の中で、いろいろお話ししてきたように、神は、古代ヘブライ民族の教師たちに直接、感覚的知覚や通常の思考によって、つまり頭部の仲介によって語りかけたのではなく、夢によって語りかけてきたのです。しかし、その教師たちが夢というときは、通常の夢のことではなく、真実の浸み透った夢のことでした。神がその人たちに語ったのは、そういう見霊的な契機を通してでした。モーセに茨の茂みから語ったように、です。

古代の秘儀参入者たちに神の呼び声が届いたとき、彼らはこう述べたのです。その名を語ることの許されない主がわれわれに語りかけて下さる。しかし主は、みずからの顔を通してわれわれわれに語りかけて下さる、と。そして秘儀参入者たちは、自分たちの神の顔を「ミカエル」と呼びました。私たちが大天使の位階に数え入れているあの霊的な力、ミカエルです。

　この人たちは自分たちの神が自分たちにも現象の背後に隠され続けている、と感じていました。その人たちは、自分の魂の内的な在りようによって自分の神のところにまで高められたとき、ミカエルに語りかけられたのです。ミカエルが語りかけたのは、通常の意識状態とは異なる状態に移されることのできた人たちだけでした。一定の見霊状態に移されたとき、いつもは眠ってから目覚めるまで、または潜在意識に留《とど》まっている意志によって、人間の下で創造し、生きていたものが、意識の中に入ってきたのです。ちなみに意志は本来、私たちが昼間、目覚めているときにも眠っているのです。

　ですから、ヤハヴェの啓示は、古代ヘブライの神秘教義においては、「夜の啓示」と呼ばれました。ヤハヴェの啓示は、ミカエルの啓示を通して、夜の啓示であると感じられたのです。人は、一方においては、感覚的知覚と合理的な思考を通して世界を考察し、そしてこう思いました。――「この道を辿ることで、神的な働きの含まれていない認識に、知識に到る。けれどもこの意識状態から抜け出て、別の意識状態に達するなら、神の顔であるミカエルが語りかけて、人間の本質に関わる本来の秘密を打ち明けてくれる。外なる感覚界では知覚できない神的な力と人間との間に橋を架けるものが何であるかを教えてくれる。この神的な力のことは、脳と結びついた知性によっては想定することができない」。

このように、キリスト以前の時代の人びとは、一方では感覚界の認識――それは地上の事象を考えるときの基準でした――に眼を向けることができましたが、その一方で、自分のまだ手に入れていなかった認識にも眼を向けていたのです。この認識は、眠ってから目覚めるまでの間に与えられる認識でした。そのとき、いつもなら眠っているはずですが、もしもそのときにも目覚めていたなら、持てるであろうような意識による認識でした。人間は、目覚めているときも霊的本性たちに取り巻かれています――そう感じていました。しかしその霊的本性たちは、創造的な本性たちではなく――旧約聖書が作られた頃の人びとの考えによれば――、その本性たちは、ルツィフェル的本性たちなのです。人間にとって創造的＝神的な本性たちは、眠ってから目覚めるまでの間に人間に働きかけていたのです。旧約聖書が作られた頃の時代の人びとは、ヤハヴェ神を「夜の支配者」と呼び、この夜の支配者の従者を「ヤハヴェの顔」、「ミカエル」と呼んだのです。そして感覚界の認識以上のことを知ることのできる、すべての預言者の霊感についても、ミカエルに帰していたのです。

こういうすべての背後には、どんな意識状態が考えられるでしょうか。そこにある意識は、ヤハヴェを取り巻く神霊たちの領域から育ってきた意識なのです。一方、人間の頭部は、ルツィフェル的本性に取り巻かれて形成されました。そして人間の頭部が人間の生体から突き出ていることで、人間はその頭部を通してルツィフェル的本性たちのほうに向いているということは、古代のすべての神殿が伝えてきた秘密だったのです。そしてこの秘密を通して、人びとは真実のすぐ近くに立っていたのです。いわば、頭部が人間の生体から突き出ていることで、ルツィフェルも人間の生体から突き出ているのです。

人間の頭部を、動物性を超えて現在の形態に変化させた神的な力は、ルツィフェル的な力だったのです。ですから人間が感じとるべき神的な力は、頭部以外の生体の夜の状態から人間の頭部の中へ流れていくのでなければなりません。

以上は、人間がキリスト以前の時代に知りえた事柄でした。

次いで、地球紀の進化の中に、「ゴルゴタの秘蹟」が生じました。ゴルゴタの秘蹟とは、ナザレのイエスのからだを通して、ある超感覚的な存在と地球紀の人間の進化とが合体したことを意味しています。キリストの本性が、ゴルゴタでの死を通して、人間という地上の本性と合体したのです。

一体、そのことによって、地球紀の進化の中に何が生じたのでしょうか。そのことによって、地球紀の進化は、そもそもその進化の意味を初めて手に入れたのです。

もしも人間がこの地上で、はじめはルツィフェル的な起源をもっている感覚の力で、そして頭と結びついた知性の力で進化していたなら、地球紀は地球紀であることの意味をもたずにいたでしょう。外なる地球の世界は、太陽と星々から流れてくる光の世界を知覚したでしょうけれども、神的なものを知覚するためには、睡眠状態に留まっていなければならなかったでしょう。

地球はそれだけでは、決してみずからの意味を見出せなかったでしょう。なぜなら覚醒時の人間は、地球に属しているのですから。

睡眠時の人間は、はじめは地球存在との関連を意識していません。キリスト本性が死を通過した人間のからだの中に住んだことによって、地球紀の進化の中に衝撃のような何かが走りました。この地球紀の進化のすべてが新しい意味を獲得したのです。人間は次第に、昼間でも、いつもの覚醒時においても、つまり通常の意識状態においても、創造的な神的な力を認識する可能性を初めて与えられたのです。

このことについては、こんにちでも間違った考え方が支配しています。なぜなら、ゴルゴタの秘蹟以後、こんにちに到るまで、人びとは、昼間の覚醒時にも、ヤハヴェという夜の支配者の啓示を、そしてそのヤハヴェの顔であるミカエルの啓示を信じていた旧約聖書の預言者たちの見ていた世界を見るところにまでは、まだ達していないからです。

そういう通過期が、これまで必要だったのです。けれども、一九世紀が経過する中で——一九世紀のこの経過の重要性についてはまったく違った観点からではありますが、東洋のすべての叡智が教えています――、新しい時代が始まりました。それまでは実現されなかったことが今実現される、と人びとが認識しなければならない時が始まったのです。それまでは、ミカエルによる夜の啓示の中でしか伝えられなかったことが、昼の啓示を通して見てとる能力が目覚め始めたのです。そういう能力がどんな人の中にもひそんでいる、と人びとは今自覚しなければならないのです。

　しかしそう自覚する以前に、大きな誤謬が、いわば認識の闇が生じなければならなかったのです。これまでも何度も申し上げてきたことですが、「われわれの時代は過渡期だ」、といつも語るような人びとに、私は決して与《くみ》するつもりはありません。たしかに、どんな時代も過渡期です。けれどもそういう抽象的な言い方に留まってはいけないのです。なぜなら、ある特定の時代の過渡がどこに存在しているのかを言うことが問題なのですから。私たちの時代の過渡は、人びとが次のように言えることにあるのです。――「これまで夜の認識でしかなかったことを昼の認識にしなければならない」。

　言い換えれば、ミカエルは夜、啓示を与える存在だったのですが、われわれの時代には、昼も啓示を与える存在になるのです。ゴルゴタの秘蹟とは、ミカエルにとって、夜の霊から昼の霊への変化を意味しているのです。

　けれども、私たちがこんにち信じているよりも、もっと速く進行していくこの昼の認識の前に、あらかじめもっと大きな誤謬が先行しなければなりませんでした。その誤謬はそもそも人類の進化の中で生じうる最大の、考えうる最大の誤謬でした。それにもかかわらず、こんにちでも人びとは、多くの人びとは、この誤謬を特別重要な、本質的な真実なのだと思っています。

　近代人にとって、人間の頭部の由来は、完全に隠されています。人間の頭部と結びついたルツィフェル的霊性は、完全に隠されているのです。すでに言いましたように、人間は、体としても、ひとつの統一体として受けとられました。人類の起源を問題にするとき、返ってくる答えは、人間は動物に由来する、でした。しかし本当は、人間の中のルツィフェル的なものだけが動物に由来するのです。

　以前は人間の造物主が睡眠時に語りかけたときのような媒体は、その間に動物たちが生じたあとでは、人間の頭部の役割になりました。人間の場合のこういう経過を、人びとは一緒くたにして、人間は動物から生じた、と語るのです。このことは人類に与えられた「認識の罰」のように見えます。「罰」と言いましたが、少々違った意味での罰です。

　人間が動物から生じた、という創作は、そもそもどこから来たものなのでしょうか。本当は頭部の発生とその他の生体部分の発生とについて、先に述べた通り、別なのですが。

　人間全体は動物から発生したという創作を、何ものが人間に吹き込んだのでしょうか。

　皆さん、ゴルゴタの秘蹟と私たちの時代との間の中間期は、ある意味では、ゴルゴタの秘蹟を理解するための準備期でもありました。この時期には、古代の異教の叡智が、キリスト教の理解の助けにもなってくれました。けれどもこの叡智ではまだ、新しい霊性を認識するのに完全にふさわしい、とは言えませんでした。この中間期に、次第にアーリマン的要素が人類の進化に忍び込んだのです。そして人びとが人間の頭部の中のルツィフェル的要素を認識しなかった一方、頭部以外の人体部分で神的なものが戦っていた相手であるアーリマン的要素をも認識することができませんでした。ですから人間は動物の系統に属している、という純アーリマン的な創作が生じたのです。

人間は動物の系統につながる、というのは、アーリマン的な着想です。そういう学問は、純粋にアーリマン的な性格をもっています。人間は動物の系統につながる、という妄想は、人間の頭部の中にルツィフェル的な教養が存在しているのを私たちに示唆してくれたあの叡智が暗黒に沈んでしまったことの現れです。人びとは人間頭部の起源に関して、一つのことをもはや正しく洞察できなくなりましたが、同じ起源に関する別のことも、正しく洞察できませんでした。その結果、人間は一種の動物である、という見解が人間の考え方の中に入り込んできました。そして同時に、人間存在を理解する上で、近代文明の発展に伴って、次のような世界観もまた、人間の考え方の中に入り込んできたのです。――「人間の頭はこの上なく高貴なものに作られた。そして頭部以外の人体部分は、頭部に対立している。ちょうど善と悪、もしくは天と地、天国と地獄が対立しているように」。三の原理の代わりに二の原理が提示されたのです。

しかし本当は、次のことを知っていなければならなかったのです。――「人間が世界の中で、頭によって知識を得ているのは、世界の叡智のおかげだ。しかしその叡智は、ルツィフェル的な叡智である。そしてこのルツィフェル的な叡智は、次第に他の諸要素に浸透していかなければならない」。

人類の進化が土星紀、太陽紀、月紀を通過して、地球紀が始まったあとで、このルツィフェル的本性を人間の頭部の中に組み込んだ神的な力こそが、ミカエルの力だったのです。「そして彼は敵対する霊たちを地上に追い落とした」というのは、ミカエルに敵対するルツィフェル的霊たちがこのように追い落とされたことによって、人間にまず理性が組み込まれたこと、人間の頭にこの霊たちが浸透していったことを意味しています。

ですから自分の敵を人間に送りつけたのは、ミカエルだったのです。人間がこの反ミカエル的、ルツィフェル的な要素を受容したのは、理性を育成するためでした。その後、人類の進化の中に、ゴルゴタの秘蹟が生じました。そしてキリストの本性がナザレのイエスの死を経験し、人類の進化とひとつに結ばれたのです。

準備の時代は終わりました。ミカエル自身は超感覚的世界の中で、ゴルゴタの秘蹟の出来事に関与しました。ミカエルは一九世紀の最後の三十数年間に、人類の進化の内部にまったく特別の地位を占めるようになりました。

ミカエルに対する人間の在りようを正しく認識するのに必要な第一は、例えば今日お話ししているような、人間の頭部とその他の人体部分との関係の秘密に眼を向けることです。人間の頭部の本当の起源を認識しなかったので、人間は人間全体の起源に関しても、とんでもない妄想に陥ってしまいました。ルツィフェル的素養がまず人間の頭部を支配してしまったことを、人間は分かろうとしませんでした。ですから人間は、人間の頭部とその他の人体部分とが同じ起源をもっている、と思い込んでしまいました。

私たちはこの秘密を洞察しなければなりません。人間は、大胆に、勇敢に、内部から、自分たちだけで、新しい神的な秘密を把握することによって、単なる頭だけの理解、地上的な叡智もしくは知恵によって与えられているすべてを改善することができる、と思えなければなりません。

まず第一に訂正しなければならない誤謬は、「回心」に先行すべきあの大きな誤謬です。すなわち、人間全体の起源を動物系に求めることができるという、唯物論的な進化論の解釈に見られる誤謬です。

今、私たちの前に立っている一人ひとりの人間の中に、単なる霊的＝魂的なものだけを見るのではなく、もしくは魂の欠けたからだだけを見るのではなく、からだの中に働いている具体的＝霊的なものを見る可能性を見つけ出すこと、このことだけが私たちの進む道なのです。たとえこの具体的＝霊的なものがルツィフェル的な仕方で、人間の頭部で働いていても、です。そして、この具体的＝神的＝霊的なものが人間全体の中で働くときは、当然ながら、頭部以外の組織の中では、アーリマン的な本性という、もう一つの敵にも向き合わなければならなくなります。

　霊視的に語れば、ミカエル衝動によってルツィフェル的なものが人間に組み込まれました。そして同じ衝動によって、さらにアーリマン的なものも人間に組み込まれました。こんにちの私たちの意識の場合、外的な科学を学び、解剖学、生理学などによって認識するもの、もしくは外的、感覚的に人間を観察して得られるものを真実だと思っています。しかし私たちは、霊的なものが、具体的＝霊的な本性が人体の隅々まで見てとれるように、人間を見ることができなければならないのです。

　私たちは、生きた人間の中に流れている血液が、私たちが注射針で取り出すような液体なのではなく、生きた人間の中に流れている血液が特別の仕方で霊化されていることを意識していなければなりません。そして、血液の中で息づいている霊のことを知らなければなりません。私たちは神経組織がまさに死に直面しているときに、その中に息づいている霊のことを知らなければなりません。私たちはすべての個別的な生命の働きの中に、霊的な要素を見てとることができなければなりません。

ミカエルは強さの霊です。ミカエルは人類の進化に関与することで、抽象的な霊性を働かせるだけでなく、叩いたり切ったりできる物体も霊的なものの開示形式であることを分からせてくれるのです。ミカエルは強さの霊として、物質の本質を洞察し、物質の中のいたるところに霊が働いていることを私たちに分からせてくれるのです。

人類意識の古い段階では、言葉が霊的な仕方で働いていましたが、その言葉は肉体に宿り、私たちの中に存在するようになりました。福音書はそう述べています。肉と言葉がひとつになったのです。そしてそこには、ミカエルの啓示が先行していました。こういうすべてが、人間の意識の内部で生じました。

今、逆の経過が始まるのです。この逆の経過の中で、福音書の言葉に別のものが付け加わりました。現在の私たちの意識の中に、キリスト衝動による霊界と地球との結びつきを見る力が備わらなければならないのです。人類が地球と一緒に没落していかなくても済むように、です。霊的なものを頭の中だけでなく、人間存在全体の中に受容するのです。私たちは、このことを知らなければならないのです。

このことを知るためには、キリスト衝動だけが助けになってくれます。しかし、ミカエル衝動によるキリスト衝動の理解もなければなりません。福音書の言葉に次の言葉が付け加えられなければならないのです。――「そして肉がふたたび言葉になり、言葉の国に住むようになる時が来なければならない」。

皆さん、福音書の終わりにいくつかの言葉が省略されている、と述べられているのは、決して後世の人の手になる創作なのではありません。こう述べることで同時に示唆されているのは、今、次第しだいに人類に明かされなければならない事柄なのです。福音書は今のまま、手を加えぬほうがよい、手を加えてはならない、と思っている人は、福音書を正しく理解していません。福音書は、イエス・キリストの言葉に従って解釈されなければならないのです。

いつも申し上げていることですが、「私は地球の終わりに到るまで、いつもあなたたちと共にいる」のです。けれども、この言葉には次の意味もあるのです。――

「私は福音書の記された時代にあなたたちに私を開示しただけではない。私は、私の昼の霊であるミカエルを通して、あなた方が私への道を求めるときにはいつでも、あなた方に語りかける。あなた方は、絶えることのないキリストの啓示を通して、第一千年紀の福音書には記されていなくても、第二千年紀の福音書の中で知ることのできる事柄を、福音書に書き加えることが許されている。そして、さらにそれに続く数千年紀にも、常に新しい啓示をそこに書き加えることができるのだ」。

なぜなら、福音書の中の言葉、「はじめに言葉があった。そして言葉は肉となった。そして私たちの中に住んだ」が真実であるように、次の言葉、「そして人間の肉はふたたび霊化されなければならない。神の秘密を見て、言葉の国に住むことができるために」も同様に真実なのです。

言葉の肉化が最初のミカエルの啓示です。肉の霊化が第二のミカエルの啓示でなければなりません。

第三講

一九一九年一一月二三日

一昨日この場所で〔第一講〕お話ししたように、私たちは、人類のメンバーのひとりとして、今、私たちの第四進化期に生きています。この地球進化は、ご承知のように、土星紀、次いで太陽紀、次いで月紀、次いで地球紀と、次第に進化を遂げてきました。この地球という惑星の四回にわたる形成過程に眼を向けると――もちろん人類そのものがこの地球という惑星に属しているのですが――、私たちは、頭部の存在としての人間だけしか見ることはできないのです。

けれどもその際、はっきりさせておかなければならないのは、私たちがそう語るとき、「人間の頭部」という言葉が、人間の感覚的知覚、人間の知性、そしてまた人間の感覚的知覚と人間の知性とを通して社会生活の中に流れ込んでいるもの、それらすべてのための象徴的な表現になっている、ということですが、さらにまた、人間が感覚的知覚の存在であることによって、知的存在であることによって、進化の中で獲得するすべてのための象徴的な表現にもなっています。ですから私が「頭部の存在である人間」と言うときには、今述べたすべてのことの比喩として語っているのです。

私たちは簡単に、物質としての人間は大気圏に包まれている、と言っていますが、この大気圏が私たち自身のものであることも、よく分かっていなければなりません。なぜなら、今私たちの内部に存在している空気は、少し前までは私たちの外にあったのですから。私たちは人間として、大気圏外にいることなど、まったく考えられません。しかし私たちは、近代人として、以前もそうであったかのように――そんなことはありえないのにです――空気その他の事物について、語ることに馴れてしまっています。私たちが空気中を歩いているように――私たちが感覚存在であり、知的存在であるための条件を充たしているひとつの領域を歩いている――と語るのは、現在ではすでに奇妙なことに思われてしまいます。つまり、先程述べた意味で、私たちが頭部存在であることによって、象徴的に表現することのできるすべてを自分の周りに持っている、と語るのは、です。

しかし先程言いましたように、このことは、私たちのいる領域のひとつにすぎません。私たちはいろいろな領域の中にいるのです。そして今は、人間として、役に立つ領域で生活を営もうとしています。つまり私たちの地球には三つの進化段階が先行しており、私たちは今、第四進化段階にいるのです。そしてこの第四段階でのすべての環境に眼を向けています。

私たちのいるこの第四進化期の領域を、この円で［板書される］表しますと［図4］、それ以外に、別の進化領域でも私たちは生きています［板書される］。この進化領域は、私たちの造物主である霊的存在たちに属しています。こちらのこの第四進化領域が私たちに属しているように、です。

今、私たち人間から離れて、形態霊の領域、すべてを創造する形態存在に眼を向けてみますと、私たちの造物主である霊に属するこの領域は、地球がさらに三つの進化段階を経過したあとで、つまり木星紀、金星紀、ヴルカン星紀を通過したあとで到達できる第八段階である、と言わなければなりません。ですから、創造する霊である形態霊は、今、私たち人間がヴルカン星紀のあとで到達するであろうような領域にいるのです。この霊たちの領域はここにあるのです。しかし、この第八領域と私たち人間の第四領域とは、互いに浸透し合っています。私たちの神的な造物主たちは、私たちと一緒にこの第八領域に生きているのです。ですから私たち人間は、第四領域で生きているだけでなく、この第八領域でも生きているのです。

［図4］

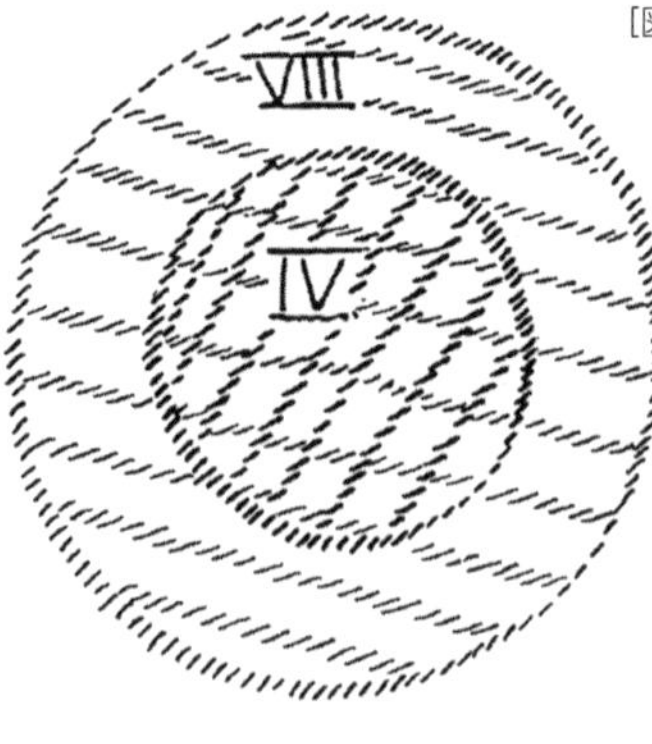

この第八領域に眼を向けますと、そこには私たちの神的な造物主の霊たちが生きているだけ

でなく、アーリマン的本性たちもこの領域に生きています。ですから第八領域の環境の中で生きている私たちは、自分たちの神的な権力だと感じている霊たちと一緒に生きるだけでなく、アーリマン的本性たちとも生きています。

第四領域での私たちは、正確に言えば、ルツィフェル的霊たちと共に生きています。つまり、この霊的本性たちと同じ領域を分け合って生きているのです。私たち自身の何がこの領域にふさわしい環境と結びついているのかを知ることができたら、この霊的本性たちのことがもっとよく分かると思います。

皆さん、秘儀の学の立場から言えば、進化の第四領域で生きているときの私たちは、すでに言いましたように、知覚し、知性を働かせる存在なのです。この感覚的知覚といつでも結びついている私たちの知性の中には、ルツィフェル的権力が働きかけているのです。そのことを決して忘れてはなりません。このルツィフェル的権力は、本来、こんにちの人間が本質的に自分にふさわしい能力であると思っている知性の特別の在りようと、深く結びついています。知性のこの特別の在りようを、人間は自分にふさわしい知性として、一番大切にしているのです。でも、この知性が人間に与えられたのは、ミカエルの本性がルツィフェル的霊たちを人間の領域である第四領域に追い落とし、それによって知的衝動が人間の中に組み込まれたことによるのです。

この知的衝動が人類にとって何を意味しているのかを感じとろうとするなら、現在の人間知性の非個人的な要素に眼を向けなければなりません。いいですか、私たち人間は、多くの個人的な関心事をもっています。私たちは互いに個人的な関心事を通して出会います。そしてその関心事は、一人ひとり違います。個性化されています。しかしこの個性化は、知性によって妨げられます。私たち、すべての人間は、知性に関して、論理に関しては、同じものを持ち、その同じものを考慮に入れます。もしもルツィフェルの影響が、ミカエルに仲介されて人類に及ぶことがなかったなら、私たちは、そのような同じものを持っていなかったでしょう。

私たちが単純な仕方で、知的、論理的に互いに理解し合えるのは、共通の知性のおかげなのですが、その共通の知性は、ルツィフェル的精神性に由来するものなのです。

さて、このルツィフェル的精神性は、ミカエルが人間にルツィフェル的本性を浸透させたことで生じました。そのようなルツィフェルの影響は、人類史の中でさらに大きくなっていきました。そしてそれに伴って、別なことがいくつも人間の中で発達しました。こんにちなお、私たちが「知性」と呼ぶこのルツィフェル的精神性は、広範囲に及んで、人間本来の長所であると感じられています。

この問題をもっとはっきりさせるために、別の事実にも眼を向けなければなりません。もしもそれが地球全体に広がったら、地球全体をひとつにするほどの意味をもっている事実です。

それはキリスト衝動です。

キリスト衝動は、知性の衝動とは違います。知性の衝動は、強制しようとします。皆さん、人類の知性を皆さんの個人的な問題にしてしまうことはできません。皆さんが知性によって決めるべき事柄を個人的な事情で決めようとなさったら、狂っていると思われ、社会から排除されかねません。けれどもキリスト衝動については、個人的以外の関係をもつことは、ありえないのです。基本的に誰も、他の人に、キリストとの深い関係に入るようにと強制することはできません。

キリストとの関係は、結局は、個人的な問題なのです。けれどもキリストがゴルゴタの秘蹟を通ったことによって、そして地球の進化と結びついたことによって、多くの人びとが、互いにまったく別々に、キリスト衝動を自分の個人的な衝動にするようになりました。それによってキリスト衝動は、まったく自然に、同じ衝動になるのです。つまり、人びとは、各人が自分のためにする何かを通して、ひとつになるのです。知性によるときのように強制されるのではなく、キリスト衝動そのものによって、一人ひとりの中にキリストとの関係が作られるのです。一人ひとりの場合に、正しい仕方で生じることで、同じ関係が作られるのです。皆さん、これが知性の衝動とキリスト衝動との違いです。キリスト衝動は、人類全体を通して同じでありえます。しかも一人ひとりの個人的な問題なのです。一方、知性は、個人的な問題ではありません。

それでは一体、キリスト衝動は今、どこに見出せるのでしょうか。

それに答えるには、すでに述べた示唆に従って答えを見出さなければなりません。すでに述べたように、人間の頭部は絶えざる死滅化への過程の中にあります。そしてそれに関連して眼を向けなければならないのは、ミカエルがルツィフェル的一群を人間領域へ追い落とした、という宇宙的事実です。ルツィフェル的一群は、人間の頭に住みついたのですが、その人間の頭は、死滅しつつあるのです。

そこで人間の頭部に住みついたルツィフェル的な一群は、絶えず人間頭部の死滅に抵抗し始めました。そしてこの点で私たちは、昔からよく知られた、さまざまな形でよく知られた、しかし近代の人間にはほとんどまったく隠されてしまっている人間本性の秘密に触れることになります。

自分の神的な進化に眼を向けるときの人間は、自分の頭の中に、死への絶えざる傾向をもっています。しかしこの絶えざる死への傾向と並行して、ルツィフェルの側からの生の鼓吹《こすい》が行われています。ルツィフェルは絶えず、私たちの頭部を、他の身体部分と同じように生きいきとしたものにしようとします。もしも人間の頭を他の人体部分と同じように生きいきとさせることに成功したなら、ルツィフェルは、そうすることで、人類の進化を神的な方向から離反させることができたでしょう。

しかし人類進化の神的な方向は、まさにその反対のほうに向かわざるをえないのです。なぜなら人間は、木星紀、金星紀、ヴルカン星紀へ向かって進化を遂げるための地球の進化と結びつきを保ち続けなければならないのですから。もしもルツィフェルがその目標を達成するようなことになれば、人間は徹底的に知的であるようなひとつの宇宙《コスモス》に組み込まれて、自分本来の道を歩めなくなってしまうでしょう。

私の言いたいのは、こういうことです。——生理学的に言えば、ルツィフェルは絶えず私たちの中で働き、人間の頭部に浸透しようとする生命力を頭部以外の生体から頭部のほうへ送り込んでいます。

魂的に言えば、ルツィフェルは絶えず、思考内容だけを、イメージだけを含んだ私たちの知性の内容を実体のある内容にしようとしています。ルツィフェルは絶えず——私はあらかじめ身体的に語ったのと同じことを今、魂の問題として語るのですが——、私たちが心の中に形象を生み出すとき、何かに、例えば芸術制作に実体をもった内実を与えようとする傾向をもっているのです。ですから私たちの思考内容、表象内容を通常の地上的現実と同化させようとしているのです。ルツィフェルはそうすることによって、私たち人間に対して、別の現実を飛び超えて、思想という現実の中だけに閉じこもるようにさせようとしているのです。

この傾向は、私たちの空想を現実にしようと思い、そのために最大限の努力を惜しまない、という人間本性と結びついているのです。

さて、私たち人間の本性の中にひそむ内なる病気の原因のすべては、このルツィフェル的傾向と関連しています。この点で人間の頭部の死へ向かう傾向の中に生命力を吹き込もうとするルツィフェルの働きを洞察することは、要するに結局は、内的な諸病因の診断を意味しています。自然科学上＝医学上の進歩は、このルツィフェル的要素をふまえて認識する方向へ向かって進むのでなければなりません。そしてこの方向を歩むことは、私たち人間の進化の中に働きかけるミカエルの影響に関与することなのです。

アーリマンの影響はその逆です。その影響は、まず頭部以外の人間の生体が作られた第八領域で作用を始めます。頭部以外の生体は、生命力に充ちており、みずからの組織によって生命活動をするように作られているのです。そのような組織の中にアーリマン的権力が働きかけるのです。その働きかけは、本来は神的な働きに従って頭部に組み込まれるべき死の力を、頭部以外の生体の生命力の中に送り込もうとして働いています。ですから私たちは、このようにして死の力を第八領域から、アーリマンの廻り道を通って受けとっています。しかし、これはすでに物質界での話です。

魂の問題として語れば、こう言わなければなりません。――この第八領域から働きかけてくるものはすべて、人間の知性にではなく、人間の意志に作用する、と。

しかし人間の意志の根底には、願望があります。意志の中には、常になんらかの願望がひそんでいます。アーリマンは意欲の根底にある願望の中に、人間の個人的な要素を持ち込もうとするのです。

人間の個人的な要素が願望の中に隠されて存在していることによって、私たちの人間としての魂の意志活動は、死に立ち向かう、という形をとるのです。私たちが神的な理想に充たされる代わりに、神的な理想を私たちの願望の中に、意志の中に生かす代わりに、個人的な要素が、私たちの願望として意志の中に持ち込まれるのです。

このようにして私たちは、ルツィフェル的要素とアーリマン的要素の間で均衡状態を保っています。ルツィフェル的＝アーリマン的要素は、私たちに肉体上、病気と死をもたらします。ルツィフェル的＝アーリマン的要素は、魂においては、単なる思考の世界、表象の世界、空想の世界のあれこれを現実だと思い込ませます。そうすることによって、ありとあらゆる欺瞞を生じさせるのです。さらに霊的要素に関しては、エゴイズムの欲望が、この道を通って、私たちの人間本性の中に入り込むのです。

このようにして、ルツィフェル＝アーリマンのこの二重性が人間本性と結びついているのです。そしてどのようにして近代の文明化した人たちがこの二重性を見誤っているかについては、すでにミルトンの『失楽園』とクロプシュトックの『メシア』およびゲーテの『ファウスト』を例にあげて説明しました。

さて、問題はこうです。私たち人類は、地球紀の進化の中間地点をすでに超えました。人類の進化は、はじめ上り坂でしたが、頂上に達し、今降下しつつあります。今日は特に取り上げませんが、ある種の理由から、人類は、ギリシア゠ラテン時代から一五世紀に到るまで、一種の同じ水準を保ち続けていましたが、そのあと地上の人類の進化は、本当に下降線を辿っています。

物質上の地球の進化は、すでにもっとずっと以前から、下降線を辿っていました。すでに最後の氷河期に先行する時代から、つまりアトランティスの破局以前から、物質上の観点から見れば、下降する地球の経過が始まっていました。このことは、人智学徒として、人びとに語る必要のないことです。地質学がすでにそのことを知っています。しばしば申し上げてきましたが、こんにち地上の数多くの地点で断層地塊の上を歩いてみると、すでにそこが下降線上の地質になっているのです。地質学はそのことを知っています。地質学の書物の中にも、そのことの記述を読むことができます。地球は進化の下降期に到っているのです。

しかし、私たち人間も進化の下降期にいるのです。私たちはもはや、自分たちの身体の中になんらかの上昇する力を見出すことができません。私たち人間は、地球紀の進化から次の進化形態へ導くものに眼を向けることによって、上昇を把握するのでなければならないのです。私たちは未来の人間に眼を向けなければなりません。言い換えれば、ミカエル的に思考しなければならないのです。

ミカエル的思考とは何でしょうか。ここで詳しく特徴づけてみようと思います。

今皆さんが誰か横にいる人に向き合うとき、皆さんはまったく唯物主義的な意識で向き合っているのではないでしょうか。皆さんはそのことをはっきり認めようとなさらないかもしれませんが、皆さんの意識の奥のほうでは、この人は血と肉をもった人間だ、地上の物質でできた人間だと思っていらっしゃいます。同じことは、すぐそばにいる動物にも植物にも言えることです。しかし皆さんが人間、動物、植物に対して思っていることは、ただ鉱物質の存在部分に対して思っていることです。

極端な場合、つまり人間の外的な現象、外的な形姿だけについて言うなら、皆さんはその形姿を本当に見ているわけではありません。皆さんはご自分の物質上の知覚能力でその形姿に向き合っているのではありません。この形姿は九〇パーセント以上、液体で、水で充たされているのですから。

その形姿を充たしている鉱物質のものを、皆さんは眼で見ています。人間が外の物質世界の素材を自分に結びつけているものを、皆さんは見ているのです。しかし、その素材を自分に結びつけさせている人間そのものを見ているわけではないのです。

皆さんが正しい言い方をするとしたら、次のように言うときなのです。――「私の前に立っているのは、素材の微粒子の集まりだ。それを人間の霊姿が自分の中に蓄積しているのだ。そのことが私の前に立っている不可視的なものを見えるものにしてくれているのだ」。

人間は不可視なのです。本当に不可視なのです。今ここで席に着いている皆さんはみんな、肉眼にとって不可視なのです。今いろいろな姿でここに坐っておられる皆さんは、一定の内的引力によってそれぞれ素材の微粒子を自分のところに寄せ集めていらっしゃるのです。

みんなこの素材の微粒子を見ているのです。ただ鉱物的な素材だけを見ています。ここに坐っておられる本当の人間は、不可視であり、超感覚的なのです。そして覚醒時のどの瞬間にも、十分な意識でこのことを心得ていることこそが、ミカエル的思考の本質なのです。ですから人間が集めて組み立てた鉱物質の微粒子のかたまりを人間だと思うのは、やめなければなりません。動物も同じことをやっています。植物も同じことをやっています。鉱物だけはそうしていません。私たちは、不可視の人間たちの間を行ったり来たりしているのです。このことを意識していること、それを「ミカエル的に考える」、というのです。

私たちはアーリマン的本性たちとルツィフェル的本性たちについて語っています。私たちは天使、大天使、時代霊などヒエラルキアの本性たちについて語っています。これらは眼に見えぬ本性たちです。私たちはそれらの本性たちの働きについて認識することを学んでいます。私たちはこの働きについていろいろなことを述べてきました。この数日間もそうしてきました。この本性たちの行為を通してこの本性たちを認識することを学んでいます。それでは一体、人間の場合は違うのでしょうか。

私たちは眼に見えぬ人間を、この地上で、人間が鉱物質の微粒子を人間らしい形態に組み立て、配置するという行為を通して、知ることを学んでいます。このことは、人間存在の行為であり、人間存在の働きです。私たちが別の仕方でアーリマンとルツィフェルの働きを、そして天使、大天使、時代霊などの働きを解明しなければならないというのは、ただこれらの本性たちを違った仕方で知ろうとしているだけなのです。私たちが理性の力で人間存在に関わろうとするのであれば、これらの本性たちが超感覚的であることについては、それらと私たちとを区別する必要はまったくないのです。

皆さん、存在の本質に関しては、私たちと超感覚的本性たちとを区別する必要はありません。このことを洞察することを、ミカエル的に思考する、と言うのです。

人びとに鉱物が何かを与えてくれていた間は、こういうことを意識しないでもやっていけました。しかし鉱物界が下降線上を辿りはじめてから、人間は自分と世界とを霊的に理解しなければならなくなったのです。私たちは内なる力を見出すことができます。本当に私たちはもははや、合法則的に組織された微粒子の集まりを人間だと思って生きなくてもよくなったのです。人間は超感覚的な存在です。そのような微粒子の素材の集まりから成る外の鉱物界の黄色い土《つち》塊《くれ》で、ここに人間がひとりいる、と私たちに示唆していた時代は、もう終ったのです。

人間は、一九世紀の七〇年代以降、こういう新しい意識を発達させる力を持つことができるようになりました。高度に持てるようになったのです。けれども一週間前にお話ししたように（一九一九年一一月一五日）、アーリマン的な影響を受けた人は、この内なる意識に反抗して、この内なる意識を近づけようとしないのです。

人生の中では、ひとつのことは別のことと結びついていますから、その人たちは、一方で人間は感覚的存在であって、超感覚的な存在などではない、という妄想を抱いて生きていますが、もう一方では別の妄想を抱いて生きています。つまり進化について考えるとき、いつまでも先へ先へと進んでいく、と思っています。でも、ご承知の通り、そんなわけにはいきませんでした。私たちの「建築」でも、私が柱頭を造形したとき、第一、第二、第三の柱頭を上昇する進化として示しましたが、第四は中央に位置し、そして第五は下降する進化の下にあります。第六はさらに単純化され、第七はもっとも単純化されています。そのときの私は、上昇する進化に下降する進化を付け加えなければなりませんでした。

同じ進化を私たちは実際に、私たち自身の頭部で体験しています。頭部以外の身体がまだ上昇する進化の中にいるのです。進化がもっぱら上昇しつつあると思っていると、本当の現実から離れてしまいます。そしてエルネスト・ヘッケル［一八三四－一九一九年、生物学者］がある種の妄想に影響されて、最初は単純な存在、次いでより複雑化した存在へと無限に続いていく、ますます複雑に、ますます完成されていくと語ったように、私たちもそう語りかねないのです。

　でも、そんなことはナンセンスです。どんな進化も、前進し、そしてふたたび退化の道を辿ります。すべての上昇には、下降が続くのです。そしてすべての上昇の中には、すでに下降への要素が含まれています。近代人にもっとも欠けているのは、進化と退化、進歩と反動との間の関連を見る眼です。上昇する進化の存在するところに、退化への傾向が生じないわけはないのです。しかし上昇する進化が退行し始める瞬間、物質的なものが霊的な進化の中に取り込まれます。なぜなら、物質的なものが退化し始めるや否や、そこに霊的に進化する余地が生まれるのですから。

　私たちの頭部には、物質的に退化する進化が存在しているからこそ、霊的に進化する余地があるのです。しかし、私たちが事物を正しい光の下に見るようになる前には、人間の本質も、それゆえ他の世界も、洞察することができないでしょう。ですから、私たちの知性を本当にルツィフェル的な進化と関連づけるようになる前には、とも言えます。前に申し上げたようにです。つまり、私たちの知性が本当に人間をその目標に到らしめるべきであるなら、これらの事物を正しい仕方で評価し、私たちの知性に一撃をくらわせるくらいの覚悟が必要なのです。人間をあらかじめ定められている神的な方向から背《そむ》かせようとするルツィフェルは、キリスト原則によって抑制されなければなりません。

先程の言葉を繰り返すなら、ひとつのことは他のことと関連しています。いいですか、私たちはこんにち、神的な働きにルツィフェル的な特徴を付与するという同じ妄想を繰り返しているのです。例えば、美を表現することをもっぱら理想とする妄想を繰り返しています。たしかに、美はそのものとして表現できます。けれども分かっていただきたいのですが、人として、もっぱら美だけに帰依《きえ》してしまうと、ルツィフェル的なものの中に引き込もうとする力を、自分の中に育ててしまいます。なぜなら、現実世界の中では、一方的な進化などなく、進化には退化がついてまわるように、もっぱらただ美しいものなど存在しないのですから。

人間を拘束し、盲目にするためにルツィフェルの用意した、ただ美しいだけのものは、まさに人びとを地球紀の進化から解放して、地球紀の進化と結びつかせないようにするのです。本当は、進化と退化の相互作用が、まさに相互作用が必要なのです。ですから美と醜とのきびしい葛藤こそが、真実なのです。私たちが芸術を本当に理解しようとするのなら、世界における究極の芸術性は、相互作用の中にあるのだということを、決して忘れてはなりません。

美と醜との均衡状態に眼を向けることによってのみ、現実をふまえることができるのです。

私たちに属してはいない現実、ルツィフェル的、アーリマン的な現実の中で努力していたのでは始まりません。

今、申し上げた考え方、見方を文化の発展の中に生かすのは、非常に大事なことです。皆さん、ご存知の通り、私はしばしばこの場所から熱狂的に、古代ギリシアの文化や教育について、いろいろお話ししてきました。その古代ギリシア人は、ひたすら一面的に美に身を捧げることができました。なぜなら当時の人びとは、下降する地球紀の進化に取り込まれてはいませんでしたから、少くともギリシア民族の場合には、です。

しかしあの時代以降、人間は美だけを育てるという贅沢をもはや享受することが許されなくなっています。そんなことをしたら、現実逃避になってしまうでしょう。人間は大胆に、勇敢に、美と醜との間の実際の戦いに向き合わなければならないのです。人間は世界の中の不協和音と協和音との烈しい戦いを感じ、共に感じ、共に生きるのでなければならないのです。

それによって、強さが人類の進化のために働くようになります。そしてこの強さから、人間の真の本性は、自分の集めた鉱物微粒子の組み合わせから成り立っているという幻想から、本当に自由な内的意識態度をもつ可能性がひらかれるのです。こんにちの人なら、本来なら物質に関してもこう言えなければならないはずです。――「人間の真の本性は、鉱物界、外なる物質界の特徴をまったく示してはいない」。

外にある鉱物は重さをもっています。けれども魂を働かせる力は――私は今、知性の力のことを言っているのではありません――、魂を働かせることのできる力は、重さとは正反対の、液体の浮力と結びついています。

別の機会に申し上げたことがありますが、私たちの脳は、脳液の中に浮かんでいます。もしも浮遊できなかったら、脳内の血球がおしつぶされてしまうでしょう。アルキメデスはあるとき、入浴中に自分が軽くなっていることに気がつきました。そう気がついたことがあまりにうれしかったので、「ユリイカ」（われ発見せり）と叫んだのです。皆さんは物理の時間にこのことを学んだと思います。ですから、私たちの魂は、下への引力に従って生きているのではなく、上への引力に従って生きているのです。私たちは魂の存在として、私たちの脳が重いことによってではなく、私たちの脳が脳内の液体の中に浮かんでいることによって、軽くなっていることによって、生きているのです。

私たちは、私たちを大地から引き離すものによって生きています。このことは物質上の問題としても語れるのです。

しかし、これまでの三日間で申し上げたかったのは、そして今申し上げているのは、私たちが近代的な生き方に対して、ひとつの魂の在りようを必要としている、ということなのです。つまり日常の一瞬一瞬に直接、眼の前にしている環境の中に超感覚的なものを意識している魂の在りようです。人間を眼で見ているから人間を現実にあると思う、そして霊を眼で見ていないから霊を現実にあると思わない、という幻想に陥らない魂の在りようです。

私たちは、本当は、人間を眼で見てなどいません。私たちが人間を眼で見ていると信じていることこそが幻想なのです。自分と高次のヒエラルキア存在たちとを区別してはいけないのです。高次のヒエラルキア存在たちと私たち自身との、それどころか動物たち、植物たちとの同質性を学ぶこと、それが近代の人間に課せられた使命なのです。

キリスト衝動は、ゴルゴタの秘蹟を通して、地球紀の進化の中に、はじめは人類の進化の中に介入し、その進化と結びつきました。キリスト衝動などどこにも見えない、と人びとは言うかもしれません。人びとが人間そのものについて幻想を抱き、本当の人間とはまったく違うところに人間を見ている限り、キリスト衝動を見ることはできないでしょう。キリスト衝動が単なる理論ではなく、生きいきと感じられる魂の現実となった瞬間に、人間の中に超感覚的なものが見えた瞬間に、私たちは、私たちの中のいたるところにキリスト衝動を知覚する能力を育て上げるでしょう。そして「キリスト衝動は、黄色い外なる大地の中に求めても無駄だ。キリスト衝動は君たちのいるどこにでも存在している」、と確信をもって言うことができるようになるでしょう。

しかし人間はまた、謙虚さ、謙遜な態度をも身につけなければなりません。そして人間の中に、はじめから、そのいたるところに、超感覚的な存在を見てとれる意識を育てるのです。そのためには、実際に何かが必要なのだ、と思えなければなりません。

そういうことを理論として語る間は、まだ何ごとも始まっていません。そのとき出会った誰かが本当の人間だとは信じられず、感覚的に不条理なことだと思えたとき、そのとき初めて、人は私の言おうとしている魂の在りようをもっているのです。

皆さん、皆さんがゲーテアヌム建築の現場に行って、そこにあるいろいろな素材をかき集めて、器用な手つきで皆さんの周りに積み重ね、皆さんに出会う人が誰もそこに皆さんの姿を見ることができず、見えるものはレンガや木材の積み重ねだけだったとします。そういうときにはそのレンガや木材の寄せ集めを人間であるとは誰も思いません。

しかし鉱物の素材で、別のやり方で、何かを作り出して見せたとしても、同じことです。それなのに皆さんは、その鉱物素材が眼に見えるから、その素材を人間である、と言っているのです。本当はその黄色い大地が真実の人間を暗示しているだけなのに、です。

キリスト以前の時代にまで遡れば、皆さんは眼に見える仕方で神の使者が地上に降臨して、人間に啓示を与え、人間を納得させていました。地上に降臨した最大の神の使者であるキリストは、同時に、人間の協力なしに、地上の最大の出来事として最後にみずからを啓示することの出来た存在でした。今の私たちは「ミカエルの啓示」の時代を生きています。この啓示は、他の諸啓示と同じように、今存在しています。しかしミカエルの啓示は、もはや人間に強制したりはしません。なぜなら、人間は自由を発達させるべき時代を生きているのですから。

私たちは、ミカエルの啓示に、しっかり向き合わなければなりません。ミカエルが私たちの中に最大限の力を送りこんでくれるように、みずから準備しなければなりません。さらに地上の直接的な環境の中に超感覚的なものを意識することができるように、みずから準備しなければなりません。どうぞ誤解しないで下さい。人びとが自由な状態でミカエルの啓示に近づくとき、このミカエルの啓示によって、現代と近未来の人間たちのために何が与えられるのでしょうか。どうぞ誤解しないで下さい。こんにちの人びとは、古い意識状態の残滓《ざんし》から社会問題を解決しようと努めています。人類の古い意識状態で解決できたすべては、すでに解決されているのに、です。

地球は、進化の下り坂にいるのです。古代人に由来する思想では、こんにちの課題や要求を解決できません。こんにちの課題や要求は、新しい魂の在りようをもつ人びとのもとでしか、解決されません。私たちのもっている課題とは、新しい魂の在りようが人びとに伝わるように働くことです。

私たちはこんにち、人びとは数千年来育んできた考え方から抜け出ることができない、と思っています。そしてそのことが恐ろしい悪夢のように私たちの魂に重くのしかかっています。

けれどもこんにち、ほとんど自動的に、数千年来の考え方の所産がその生命を終えているのです。古い考え方は、すでにすべての内容を奪われて、そもそも言葉の中身のない殻《から》だけになってしまっているのです。

　こんにち、いたるところで、人間の理想について語り合われていますが、その理想の中身は何もなく、ただ言葉がひびいているだけなのです。だから人びとは、新しい魂の在りようを必要としているのです。

　かつて一度、人びとの中に、ある呼び声が聞こえてきました。「心を入れ替えなさい。時が迫っている！」という声でした。しかしそのときの人びとは、古い魂の在りように従って、心を入れ替えることがまだできませんでした。今、この古い魂の在りように従う必要性がなくなったのです。今こそ、その当時に植えつけられたものが、新しい魂の在りように従って、成就されなければならないのです。ミカエルはかつて、ヤハヴェの伝承を、ヤハヴェの働きかけを、人びとに伝えました。一九世紀の七〇年代の終りからのミカエルは、私たちがミカエルに向き合おうとするなら、真の意味でのキリスト衝動を私たちに理解させようとして働いているのです。しかし、まず私たち自身が、ミカエルに向き合おうとしなければなりません。そして私たちがミカエルに向き合うためには、二つのことをまっとうしなければなりません。

　私たち自身の魂の在りようについては、こう言うことができます。私たちはある特定の誤謬から立ち戻らなければならないのです。堅苦しい抽象概念や哲学的な世界観で皆さんを苦しめるつもりはありませんが、次のことにはどうしても皆さんの注意を促さざるをえません。近代の黎明期に、デカルト〔一五九六―一六五〇年〕のような哲学者が現れました。デカルトはまだ霊的なものの存在を知っていました。ただ死滅へ向う神経系を通して働く霊的なものを、です。だから彼は、次のような言葉を遺しています。「私は考える。だから私は存在している」。

　これは真実のまさに正反対です。私たちが考えているときには、私たちは存在していないのです。なぜなら思考するときの私たちは、現実の心象しかもっていないのですから。もしも私たちが思考しつつ現実の只中に留まるなら、思考が鏡の像でなかったのなら、私たちは思考しても、そこから何も得ることができないでしょう。

　私たちは私たちの表象世界の鏡の性格を、私たちの思想世界の鏡の性格を意識していなければなりません。私たちがこの鏡の性格を意識するなら、私たちの内なるもうひとつの現実の源泉に呼びかけようとするでしょう。ミカエルはこの源泉から私たちに語りかけようとしているのです。つまり、私たちは私たちの思想世界を、その鏡の性格のもとに認識しようとしなければならないのです。そうすれば私たちは、ルツィフェル的な進化に対抗する働きをすることができるのです。なぜなら、ルツィフェルがもっとも関心を寄せるのは、私たちの思考の中に実体が存在しているかのように私たちに思い込ませることなのですから。けれどもルツィフェルが思考中に注ぎ込むのは、実体ではないのです。単なる像にすぎないのです。実体は別なところから取り出してこなければなりません。私たちの意識のより深い層からです。

以上が第一に申し上げたかったことです。今必要なのは、私たちの思考が私たちを弱くしている、ということを意識することなのです。そう意識できれば、ミカエルの強い力に訴えかけることができるでしょうから。実際、ミカエルこそ、私たちの内部にあって、思考よりも強力なものを私たちに指し示すことのできる霊なのです。

私たちは、近代文明によって、特に思考に注意を向けることを学び、それによって弱い人間になってしまいました。なぜなら、思考内容を何か現実的なものなのだと思ってしまったからです。私たちが単なる抽象的な知性から離れているときも、単なる仮象を現実だと思い込まされています。私たちは近代人として、知性という恐ろしい奴隷用の鞭《むち》の下に生きているのです。そして、思考内容の中に存在させなければならないはずのものを、私たちの存在の深層から、その思考内容の中に送り込むことができずにいるのです。

第二に取り上げたいのは、私たちが自分の願望の中に、したがって自分の意志の中に、超感覚的な現実に由来するものを取り込む、ということです。しばしば申し上げてきたように、ゴルゴタの秘蹟の超感覚的な性格を真剣に受けとろうとしなかったことによって、ひどい仕返しを受けたのです。例えば、アドルフ・フォン・ハルナック［一八五一―一九三〇年］のようなリベラルな神学者のような見方に私は注意を促してきました。彼のようなリベラルな神学者は大勢いますが、その人たちは平気でこう言います。――「ゴルゴタの秘蹟が本当にあったのかどうか、歴史上の文献からそれを証明するものは見出せない」。

皆さん、カエサルやナポレオンのような人物の存在を証明するのと同じような仕方でイエス・キリストの存在を証明することはできません。なぜでしょうか。なぜなら、ゴルゴタの秘蹟のような出来事に対しては、人びとは超感覚的な通路を見つけ出さなければならないのですから。その場合に感覚的な通路など、もてるはずはないのです。人びとがゴルゴタの秘蹟を通して超感覚的なものに高められるようになるためには、感覚的、歴史的な証明などあってはならないのです。

以上、二つの仕方で、私たちが何に向き合うべきなのかを申し上げました。まず第一に、直接的な感覚世界の中に、つまり人間界、動物界、植物界の中に、超感覚的なものを認識するのです。これがミカエルの道です。そしてさらに、この世界の中で、私たちがみずから超感覚的なものと認識するこの世界の中で、「キリスト衝動」を認識するのです。

このことを皆さんにお話しすることで、私は皆さんに、同時に、社会問題のもっとも深刻な衝動をお話ししているのです。なぜなら抽象的な国際連盟では、こんにちの国際問題を解決することはできないでしょうから。こういう抽象化の働きで世界中の人びとを結びつけることなどできません。しかし、人びとを超感覚的なものへ導いていく霊たちなら、この三日間にお話ししてきた霊たちなら、人びとを結びつけてくれるでしょう。

外的な状況における人類はこんにち、きびしい戦いに直面しています。私たちは今――何度も申し上げていることですが――、きびしい戦いの発端に立っているのです。そのときには、地球紀の進化の古い衝動の矛盾が暴露されるでしょう。古い歴史上の進化の薬局から手に入れることのできるような、政治上、経済上、精神上の治療薬などありません。はじめヨーロッパを破滅の発端に追い込み、次いでアジアとアメリカを相互に対立させて、地球全土に及ぶ戦争を用意している酵母菌たちは、古い時代に生じました。人類の進化のこの「矛盾の暴露」に唯一対抗できるのは、霊的なものへの道に人間を導いてくれるものだけです。すなわちキリストの道に通じるミカエルの道だけなのです。

第四講

一九一九年一一月二八日

先週この場所でお話ししたこととの関連で、今日は基礎になる事柄を申し上げようと思います。そして明日と最終回になる明後日の二日間に、その基礎の上に大事な構造物を打ち建てることができたら、と思っています。

今日お話ししたいのは、いくつかの事柄をこれまでとは違った仕方で捉え直して、これまでのテーマをさらに深めていくのに必要となる事柄についてです。

地球紀の進化がどのような過程を辿ってきたのか、この点をはっきり認識するためには、地球紀のさまざまな出来事を地球紀の進化の中心点に基づいて考察することが何よりも大切です。なぜなら、そのように考察することによって見えてくる一定の構造が、人類の進化全体の中での私たち自身の立ち位置を明らかにしてくれるからです。ご存知のように、この中心点とは、ゴルゴタの秘蹟のことです。この秘蹟を通して、それ以外のすべての地球紀の進化の意味が、その進化の内実が明らかになったのです。

西洋文化は、ゴルゴタの秘蹟の衝動をまるで落雷のように東洋から受けとったのですが、その西洋の進化をふり返ってみますと、キリスト紀元前五世紀に、ギリシア文化の中から、ゴルゴタの秘蹟の一種の準備が始まっていた、と言うことができます。

いわばゴルゴタの秘蹟が生じるまでの約四世紀半の間のギリシア人の思考、感情、意志の中には、一種の統一した特徴が見てとれます。その統一した特徴は、ソクラテスの形姿を通して現れ、それ以後のすべてのギリシア文化の中に生き続け――芸術の中にも同じ特徴が見てとれます――、プラトンという圧倒的な、傑出した人格の中に受け継がれ、そしてさらにアリストテレスの中で、より学問的な形をとって現れます。

私がこれまでお話ししてきたことからもご存知のように、中世になると、特にアウグスティヌス〔三五四～四三〇年〕以降、このアリストテレスの思考法を導きにして、ゴルゴタの秘蹟、その前提、その影響のすべてを理解しようとするようになるのです。ですから、まさにギリシアの思考は、中世末に到るまでの西洋のキリスト教の発展にとっても、非常に重要なものになりました。ゴルゴタの秘蹟の内実に深く浸透するためにも、ギリシアに由来する思考が用いられたのです。ですからここで、ゴルゴタの秘蹟が生じる以前の数世紀間に、ギリシアで、そもそも何が生じたのかを述べておかなければなりません。

皆さん、古代ギリシア人のこの思考、感情、意志の働きは、こんにちではもはや正しく理解されなくなった人類原文化の最後の余韻なのです。この原文化のことは、こんにちの歴史考察によっては、本来の光の下に見ることができなくなっています。なぜなら、私たちの歴史考察は、秘儀文化が社会のすべての人びとの感情と意志にまで浸透していた時代には及んでいないからです。この原文化がどのようなものであったかを見てとるためには、私の『神秘学概論』の中で少くとも暗示されている方法を用いて、歴史考察の及んでいない千年紀にまで遡ることができなければなりません。

この原文化は、太古の秘儀から生じました。当時、ふさわしいと認められた人たちが、偉大な導師たちによって秘儀を伝授されました。そしてその伝授された人たちを通して、秘儀の中で与えられた認識内容が他の人たちのところにまで流れていきました。

そもそも古代文化全体は、秘儀文化という沃土《よくど》を見ることなしに理解することなど不可能なのです。この秘儀の沃土は、アイスキュロス［BC五二五―四五六年］の作品の中にはっきりと見てとることができます。プラトン哲学の中にもこの沃土を感じとることができます。けれども、人類に秘儀を通して開示された神的な内実は、歴史時代に失われてしまいました。もっとも初歩的な形でなら、歴史的に証明できる文化の中にもまだ保持されていました。

さて、そのとき以来、何が生じたのか、そのことをもっともよく判断できるのは、ソクラテス以後のギリシアにあの原秘儀文化の何かがまだ残っているのを知ることなのです。そこには原秘儀文化に由来する一種の思考もしくは表象の仕方が残っていました。

　ご承知の通り、歴史が伝えているように、ソクラテスは思考することの偉大な教師として、弁証法を基礎づけました。彼の思考は、さらにアリストテレスによって、より学問的な仕方で育成されました。しかし、そこで発展されたギリシア的思考法、表象法は、そもそも秘儀文化の最後の余韻でした。それほどまでに秘儀文化の内容は豊かだったのです。

　言い換えれば、秘儀文化は、私たちの宇宙秩序の根本原因である霊的諸事実を、人間の認識全体の中に取り込んでいたのです。

　その取り込まれた霊的諸事実、圧倒的に偉大な霊的諸内容は、次第に失われました。しかし秘儀の弟子たちが学びとった思考と表象の仕方は、思考と表象の在りようは、存在し続けました。そしてまず「ギリシア的な思考」として歴史に残りました。その思考が中世のキリスト教神学者たちに伝わりました。この神学者たちは、本質的に、みずからの神学のためにこのギリシア的な思考を用いて、このギリシア的な思考に由来する理念や概念を用いて、ゴルゴタの秘蹟を通して世界に流れてきたものを理解しようと努めたのです。

　中世のいわゆるスコラ哲学は、ゴルゴタの秘蹟の霊的真実とギリシア的な思考との融合だったのです。ゴルゴタの秘儀を思考の力で理解できるものにしたのです。それができたのは——

卑俗な言い方をすれば――ギリシア的な思考、ギリシア的な弁証法という道具を使ったおかげだったのです。

古代秘儀の内容が失われ、古代秘儀が単なる形式、単なる思考内容になってしまってからゴルゴタの秘蹟が生じるまで、ほぼ四世紀半が経過しました。ほぼ四世紀半です。

ですから、どうぞ次のようにイメージしてみて下さい。――有史以前に、秘儀の文化が文明化された地球のいたるところに拡がっていた。この文化は、時代の経過と共に蒸留液だけを残した。それがギリシア的な弁証法、ギリシア的な思考である。次いでゴルゴタの秘蹟が生じた。そしてその秘蹟の意味は、西洋では、ギリシアの弁証法を用いて理解された。

一〇世紀から一四世紀に到る、まだまったく神学と結びついている学問の中に生きようとする人は、こんにちの自然科学的な思考方式とは別の仕方で思考することができなければなりません。こんにちスコラ哲学を研究しようとする人は、容易なことでは公正な向き合い方ができないでしょう。なぜならこんにちの人は、基本的にみんな自然科学的な思考訓練しか受けていないのですから。そしてスコラ哲学は、こんにちの自然科学的な思考訓練とは異なる思考訓練をふまえているのです。

愛する皆さん、この別の思考方式である自然科学的な思考方式が人びとの心を捉えてから、今ふたたび、四世紀半が経過しました。この思考方式は一四世紀の中葉から始まりました。そのときから西洋の人びとは、ガリレオやジョルダーノ・ブルーノによって完成された思考方式で思考するようになったのです。その事情はこんにちに到るまで、変わらずに続いています。

そうなのです。皆さん、この思考方式は、一見すると、古代ギリシアの思考と同じ論理に従っているようです。けれどもまったく、まったく別の論理なのです。この思考方式は、ちょうどギリシアの論理が秘儀の弟子たちによって秘儀の中から学びとられたように、自然の諸経過の中から学びとられたのです。

そこで今、ゴルゴタの秘蹟の出現の四世紀半以前の、当時唯一の文明化された世界だったギリシア世界と、人類が自然科学的な思考によって教育されてきた私たちの四世紀半との間に存在している相違を明らかにしたいと思います。

このことを説明するには、図式によるのが一番いいと思います［図5］。太古における精神文化、秘儀の文化を一種の山頂のようなものと考えてみて下さい。線を引いて説明してみます。――この秘儀文化は次いでギリシアで、ゴルゴタの秘蹟が生じ

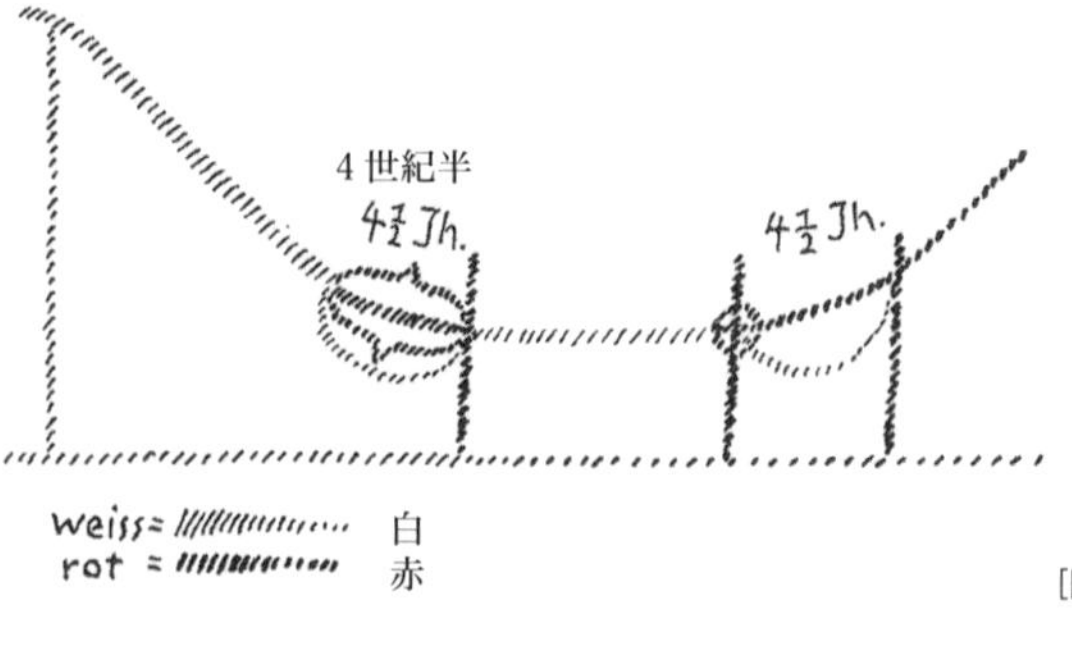

［図5］

るまで、論理として存在しました。そしてこの論理は、中世において、スコラ哲学によって継承されました。

　この部分で古代秘儀文化の最後の余波、最後の余韻は、四世紀半の間続いています。そしてここで、一五世紀以来、新しい種類の表象方式が始まるのです。それをガリレオ的表象方式と呼んでおきます。私たちはこの出発点からほぼ四世紀半のところにいます。それはこのギリシア的思考方式の登場からゴルゴタの秘蹟までに要したのとほぼ同じ時代の経過です。けれども一方はひとつの余韻であり、夕焼けなのですが、私たちは始韻と、発展させていかなければならない何かと、これからある高みへ到らなければならない何かと向き合っているのです。ギリシア文化は終焉《しゅうえん》に立っており、私たちは発端に立っているのです。

　一度、霊学の立場から人類の進化を考えてみて下さるなら、終焉と発端のこの関連を理解していただけると思います。

　以前にも申し上げたことがありますが、現在の状況の中で、人類のこの自己認識をもつことは、とても大切なことなのです。なぜなら、人類の最大多数が今、未来への大きな可能性を眼の前にしているのですから。

　皆さん、歴史上進化を続ける人類は、ひとつの進化する有機体なのです。この事実を真剣に受けとって下さい。

有機体としての一人ひとりの人間が思春期を迎え、その後も七年周期を繰り返して成長していくように、有機体としての人類の歴史においても、周期ごとの移り変わりがあるのです。こんにちの人びとは、輪廻転生《りんねてんしょう》と聞くと、すぐに反対します。実際、私たちは前世のことなど思い出せるはずがないのですから。

今言いましたように、有機体としての人類の進化の歴史を考察してみると、こんにちの人びとが前世のことを思い出さないのは、実際に事実に即して考察してみれば、当然のことなのです。なぜなら、人間は、通常の生活の中でそもそも何を思い出すのでしょうか。まず第一に、考えたことを思い出します。考えなかったことは、思い出しません。考えてみて下さい。多くの出来事が日常、気づかれることなく生じています。たとえその出来事が身近に起こっていたとしても、そのことを考えなかったなら、思い出すことはありません。私たちは、考えたことだけを思い出すことができるのです。

さて、人びとは、これまで何百年、何千年もの間、人間の本質を具体的にはっきりと考えてはきませんでした。ギリシア的な思考以来、あこがれのように、「汝自身を認識せよ」と言われてきました。しかしその「汝自身を認識せよ」は、真の霊的認識によるのでなければ、充《み》たされることがありません。

人類は、私たちの時代になって初めて、そのための準備をととのえたのですが、自分自身の自己を思考の力で把握することを、一度「ひとつの人生」のために適用したならば、そのとき初めて、その次の人生で将来、今のこの地上生活が思い出せるようになるのです。

なぜなら、思い出すべき事柄については、あらかじめ思考していなければならないのですから。誰かが前世において、霊界に参入したことによって——もちろん必ずしも秘儀に参入したことではなくても——、自分自身の自己に眼を向けることができたなら、現世において——そしてそういう人たちはそれほど稀ではありません——、前世を実際にふりかえってみることができるのです。

しかし問題はこうなのです。人びとは、身体においても、変容しつつあります。このことは生理学的に外から観察できることではありませんが、霊学的には観察できるのです。

こんにちの人びとは、身体上二千年前と同じではありませんし、二千年後の人びとは、こんにちと同じではないでしょう。この点については、これまで何度も申し上げてきました。

こんにちの人びとは、未来へ向って生きているのですが、その未来においては——卑俗な言い方になりますが——こんにちとは違った構造の脳をもっているでしょう。その脳は、以前の地上生活を思い出す可能性がもてるようになっているでしょう。

しかしこんにち、自分自身の自己についてよく考えることで未来に備えようとしない人たちは、自分の内部で機械的にしか働こうとしないこの能力を、内的な欠点であり、こんにち的な言い方をすれば、内的にいらいらした、神経過敏症もしくは神経衰弱であるかのように感じてしまうでしょう。

その人びとは何が欠けているのか分からないのです。なぜなら人類の進化は、その間に身体性に関して、前世を回顧するにふさわしい状態になっているのに、この前世の回顧のための用意をしなかったので、回顧できないままだからです。ですからその人びとは、この能力を欠点であるとしか感じられないのです。

皆さん、霊学的な認識によって自己認識をもつことは、現代の変容能力を正しく育てることに通じるのです。今日はまずこのことを申し上げたかったのですが、前世のことを考慮に入れることがどんなに大切なことか、私たちは分かっていなければならないのです。

今のところは、まだこの感受性のニュアンスが少数の人の場合にしか認められずにいます。けれども少数の人には、すでに認められるのです。そういう人は、今後ますます多くなるでしょう。今のところ、この感受性のニュアンスは、きちんと評価されていません。私は皆さんに、この感受性のニュアンスがどのような仕方で現れてくるかについて、さらにお話ししようと思います。

人びとはこの世に生まれます。そしていつかこう思うようになります。――私はいろんな人たちと生活を共にするようになり、意識的に、または無意識的に、決まった考え方を身につけてきた。いろんな思考内容を持つようになった。決まった感じ方、考え方を身につけてきた。けれども、外には環境があるが、私の思考も表象も、外のこの環境としっくりこないのだ。

こういう感受性のニュアンスがこんにち個々の人の場合に見てとれます。その人たちは、外の環境が、もしくは外の自然が自分に何か全然別のことを求めているように思えるのです。外の自然がまったく別のことを自分に求めている、と思わざるをえないのです。

自分が考えなければいけないことと、外の環境、外の自然が語ることとの間に不一致を感じている人たちが個々に現れているのですが、そういうとき、他の人たちはそのことをまともに受けとらないで、笑って済まそうとしています。

例えば、ヘーゲルは、そのことの古典的な例を示しています。ヘーゲルが自然について彼らしい思いを語ったときのことです。ヘーゲルは自然を体系的に関連づけて論じたのですが、そうしたら、プチ・ブル的な連中が寄ってきて、こう言ったのです。――「それが自然についてのあなたの思想なのでしょうが、でも自然の中の諸経過をもう一度よく観察し直して下さい。そうしたら、あなたの言っていることと合致していないことが分かるはずです」。そうしたら、ヘーゲルはこう応じたのです。――「それだったら、自然がかわいそうすぎます（Um so schlimmer für die Natur)」。

皆さん、こういう言い方はもちろんとても理屈に合っていません。けれどもヘーゲルのこの感情の中には、主観的にではあっても、十分な根拠づけがなされているのです。誰かがまったくとらわれることなく、生来の思考に身を委ねて、こう思うのは、まったくあっていいことなのです。――「もしも自然がこの思考に、本当にふさわしいものであるのなら、自然は別様な形態を示していてもよかったのだ」。

そうしたら、もちろん、時が経ったあとであっても、自然の隠された本質に迫ることが可能になるでしょう。そういうとき、たいていの人は、自然のその本質に迫ろうとするその人が、基本的に自分の中に、二重の魂をもっていること、本当に二つの真実をもっていることに気がついていないのです。

自然の隠された本質に気づいた人は、そのことで非常に苦しむかもしれません。なぜなら、そう気づくことで、魂の中に一種の不一致が持ち込まれるのですから。

今申し上げたことは、こんにちではまだ少数の人の場合のことかもしれませんし、その人たちも、しばしば自分のことに気がついていないのかもしれません。けれどもそういう人はますます増加していくでしょう。ますます、次のように言う人が多くなるでしょう。――「生まれてから、私の頭は自然についてひとつのイメージを持つように、と私に求めている。しかしそのイメージは、本来、自然と一致していない。それでも私はこの人生の中に身を置いて生きている。そして時の経過の中で、自然の語ることをも自分の中に取り込んでいる。だから打開策が必要になる」。

私たちの魂がふたたび地上に戻ってくるときには、特別の仕方でこの分裂した感情を経験することになるでしょう。そのとき一種の内なる思考内容、感情内容がはっきり現れてくるでしょう。そしてその感情内容を通して、私たちは自分に向ってこう言うようになるでしょう。――「そうだ、お前は世界が本来どうあるべきかについて、はっきり感じとっているのに、世界はそのような在り方をしていない。世界は別のものになっている」。

そのとき、それでも人は、この世の中で生きようとします。人は第二の種類の法則を学び、調整しようとしなければならないでしょう。どうして、そうしなければならないのでしょうか。

考えてみて下さい。人は誕生と共に物質界で生きるようになります。そのとき、前世での成果を自分の思考や感情の中に持っていますけれども、その人がこの地上に受肉するまでに、外的な地上世界は変化してきました。ですから、生まれてきたその人の思考の前世に由来する成果は、その人が地上を留守にしていた間に変化した地上の状況とはもはや一致しなくなっているのです。ですから、自分の思考と地上の状況との間の不一致を感じてしまうのです。

そこで、その人は、次第に、新しいこの世の人生の中に適応しながら生きることになります。けれども、新しい環境から学びとることのできるものを完全に意識化して学びとることはありません。言ってみれば、ヴェール越しにしか受容しないのです。

その人は死後になって初めて、それまでの地上の経験を消化吸収して、その成果を次の地上の人生の中にふたたび持ち込むのです。人は誰でも、自分の魂のいとなみのこの二重性を生きているのです。

人間はいつでも次のことに気づいています。――「お前はこの世に前世の成果をもって生まれてきた。しかし、今生まれてきたこの世は、その前世の成果とはどこか違う世界だ。お前がこの世で今受けとるものの中には、すぐには完全に受容しきれずにいるものがある。お前はそれを死後になってから消化吸収しなければならない」。

人生をこのように感じとるためには、非常に集中した仕方で人生を生きなければならないでしょう。なぜなら、集中した仕方で人生を生きるのでなければ、本来私たちの人生の中に息づいている諸力を認めることができないでしょうから。この諸力は認められずにいると、完全にどこかへ行ってしまうのです。

私たちは本来、そのような諸力の中に取り込まれています。けれどもその諸力は、意識化しようと試みなければ、無意識の中に留まり続けて、私たちの魂を病気にしてしまうのです。

この魂の分裂は、つまり、前世に由来するものと、この世の人生の中で来世のために用意すべきものとの間の分裂は、今後ますます表面《おもて》に現れてくるでしょう。

人びとはこの二重性を、ますます感じるようになるでしょう。だからこそ、内なる仲介者がいなければならないのです。本当の内なる仲介者が、です。ですから次の問いが、ますます緊急なものになるのです。――「どうすれば、この内なる仲介者に出会えるのか」。

この問いに対する答えは、以下のことをよく考えることでしか得られません。

すでに何度もお話ししてきたように、私たちの通常の表象生活に関して言えば、目覚めてから眠るまでの間だけ、完全に覚醒しているのですから、表象しているとは、完全に目覚めているということにほかなりません。しかし同じ覚醒時においても、感情生活は、完全に覚醒していません。完全に目覚めて表象し、思考しているときにも、感情生活は意識上、夢見ているときと同じ状態にいるのです。

この分野を研究する人は、私たちの意識の中で感情そのものが活発に目覚めているわけではないことを直接、経験しています。感情を表現している表象活動だけが、感情を意識的にしてくれているのであって、感情生活そのものは、意識の地下から現れて、夢と同じような在り方をしているのです。そして意志は、覚醒時においても眠っているのです。

私たちの覚醒時は、いつもこの三つの意識状態を保っています。私たちは日常、覚醒時に表象生活をいとなみながら行動していますから、意志においても目覚めていると思うのですが、そう思うのは錯覚なのです。意志が行う事柄をただ表象しているだけなのです。意志そのものではなく、意志の表象像が意識に上ってくるのです。

私たちは感情を夢見、眠りながら意志行為をしているのです。けれども霊視認識を獲得すると、いつもは感情の中で夢見ているものをも意識の中に取り込み、そしてその夢見ているものを、より完全な、より明瞭な宇宙認識にもたらすことができるようになります。そうすると、思考内容は——ここでは霊視認識なのですから、思考内容を「叡智」と言い換えてもいいと思います——、叡智は、私たちの表象内容として存在するだけではなく、私たちの感情の中にも、そして意志の中にも、存在していることが分かってきます。

私たちはこんにちの人生経験に関しては、本来、表象生活についてしか明瞭に語ることができません。感情世界におけるいとなみについては、夢の生活以上のことは分かっていません。けれどもそのいとなみの中には、叡智が存在しているのです。

愛する皆さん、私の著書『いかにして超感覚的世界の認識を獲得するか』に述べられている練習を、まじめに自分の魂に適用して下さるなら、ある種の魂の内なる波の高まりを知ることができるようになります。この内なる波は、たいていの人にとっては、夢のようなものでしかありません。しかしこの内なる体験の中に、比較的短い間に、秩序立った動きが現れてくるようになります。この内的体験の中には、いつでも同じ論理が支配しているわけではありません。ときには非常にグロテスクな論理が支配して、そしてありとあらゆる思考内容のぼろ切れが組み合わさって、夢の中のように現れるのです。……でも、その中に何かが、最初の霊的経験となって、まだ非常にプリミティヴなものであっても、認識できるようになるのです。目覚めた夢のこの高波の中に沈潜するなら、本当に、ひとつの新しい現実が浮き上ってくるのです。通常の現実とは違う、新しい現実が比較的短い間に体験できるようになるのです。

その人はまた、比較的短い間に、この新しい経験の中に叡智が含まれていることにも気がつきます。しかし、その叡智をすべて意識化して体験するには、自分がまだ未熟だ、と感じないわけにはいきません。把握しようとするたびに、するりと手からすり抜けます。どうしたらいいのか、分からないのです。

こうしてその人は、少くとも気がつくのですが、叡智は意識の表面を流れるだけでなく、意識の深層で非論理的な仕方で存在しているのです。しかし、そういう人のことを非論理的だと思うのは、そう思う人がその叡智をまだ把握していないからにすぎません。

もし私たちが霊視認識を十分に獲得したなら、そのときはこの目覚めた夢が通常の生活の中に現れるような、グロテスクな在り方をするのをやめます。そして、その夢の中に、日常的な叡智で把握する感覚世界とは異なる世界、異なる現実に由来する叡智が現れてくるのです。

皆さん、私たちの日常意識の中では、意識のこの深層からは、感情世界だけが浮かび上がってきます。さらに深い層には、意志の世界が存在して、同様に叡智に浸透されていますが、ただ通常の意識の中では、その存在を見てとることができないのです。

ですから、次のようにまとめることができます。――私たちは、本来三つの意識の層の中で生きているのです。その第一は表象意識です。私たちは毎日、この意識の中で生きています。第二は霊視意識です。そして第三は霊聴意識です。この第三の霊聴意識は非常に深い層に留まっているので、私たちの中で本当に働いているのですが、通常の生活の中ではその特質を認識できずにいます。

皆さん、もしも現代哲学がこんなに概念に頼りきっていなかったなら、現代哲学は――私は現代哲学に関心のない人にこんなことを言うつもりはありませんが、哲学者には分かってもらいたいのです――、現代哲学は、純粋に外的な自然観察によって得られるものと、数学や幾何学をもとにして外的な自然を理解しようとする科学との間に、どれほど大きな違いがあるかについて、気づいてくれるに違いありません。

一般に、よくこういう言い方がなされています。――「外的に観察できる事柄だけでは、それが真実か否か、本来決して確信できない」。哲学史の中でも、繰り返して、哲学的にこういう違いをわざわざ論じる必要はないくらい明らかだとされています。カントやヒュームは、グロテスクと言えるほどにまで、はっきりと述べています。――太陽が東の空に昇るのを観察するとしても、その観察だけから、太陽が明朝も東の空に昇る、と主張することはできない、と。

これまでいつも太陽が昇ってきたから、明朝も昇るであろう、と推理するだけだ、というのです。外的な観察によって得られるものは、そういう真実だけなのです。しかし例えば、数学上の真理は、そうではありません。一度その真理を把握したなら、未来永劫にわたって妥当することが分かるのです。直角三角形の直角をはさむ二つの辺の自乗の和は、同じ三角形の斜辺の自乗に等しいことを、内的な根拠から証明できるのを知っている人は、このことがあてはまらないような直角三角形を描くことなど、未来永劫、決してできないことも分かっています。

だから、こういう数学上の真実と、外的な観察だけから知ることのできる真実とは、違うのです。こんにちの研究手段で事実を知っただけでは、根拠を洞察するところにまでは到りません。数学上の真理が人間の内面の深みから現れてくること、そのことによって初めて根拠が成り立つのです。数学上の真理は、第三の意識の深層の叡智に由来するものなのです。そして人はそのことを知らずに、意識の表面でこの真理を真理として認識するのです。ですから、私たちが数学上の真理をもっているのは、私たち自身がこの世で数学的な叡智を体現しているからなのです。

私たちは歩いたり、立ち止まったりします。私たちは線の上を歩きます。外界に対するこの意志の働きを通して、私たちは数学的な内的直観を持つことができるのです。数学は第三意識の深層の中で生み出され、そして意識の表面に現れてくるのです。

ですから私たちは、基本的に、この場合のように、通常の意識に由来するものではなくても、少くとも、深層意識の一部分を非常にはっきりと表象することができるのです。すなわち数学的な表象、幾何学的な表象は、深層意識から上ってくるのです。でも、中間の意識だけは、夢見ており、混沌としています。

中間の層は夢幻的に混沌としています。表象生活をいとなんでいる上層の小部屋の中にいる通常の覚醒時の私たちは、意識をはっきりさせています。そしてさらに、意識の第三の層から立ち現われてくるものも、私たちの内部ではっきりしています。その中間にある層は、たいていの人にとって、混沌とした白昼夢のようなものでしかありません。この三つの層をはっきり把握するのは、非常に大事なことなのです。

皆さん、特にギリシア人は、四世紀半の間、この第一の意識層と深く結びついていました。ギリシア人は、この第一の意識層を、秘儀文化の残りである、と思っていました。でも、この残りは、純粋にルツィフェル的な要素なのです。本当に、純ルツィフェル的な要素なのです。この要素のことを最近、皆さんに「知的文化」という言い方で説明しました。このルツィフェル的要素は、私たちの頭の中で、非常にはっきりしています。私たちの頭は、叡智で、一般に妥当する叡智で満たされています。しかしその叡智とは、私たちの内にあるルツィフェル的な要素のことなのです。

そして深層にあるもの、現代科学が非常に愛しており、すでにカントが非常に愛していたもの、それは純アーリマン的な要素なのです。この要素は深層から私たちの人間本性によって意識の表面に上ってきたのです。カントはこう述べました。――「自然の中には、そこに数学が存在する分だけ、科学が存在する」、と。これはアーリマン的要素のことなのです［図6］。

愛する皆さん、何かについて、それが正しいと分かるだけでは、十分に分かったことにはならないのです。私たちが知的に、私たちの頭を使って把握する事柄が正しいと分かるのは、ルツィフェル的要素のおかげなのですから。私たちは数学が正しいのを知っています。けれども数学のこの圧倒的な正しさは、私たちの内部にいるアーリマンのおかげなのです。そしてもっとも不確かな要素は、中間にあって、一見非論理的に波立っている夢の要素なのです。

この事柄がどんなに重要かを皆さんに理解していただくために、別のあらわれ、別の特徴のこともお話ししようと思います。ガリレオ、ジョルダーノ・ブルーノによって現れて来たような、世界（宇宙）の数学的把握はすべて、基本的に、意識のこの深層に由来する

［図6］

表象生活	完全に目覚めている	叡智
感情	夢見ている	叡智
意志	眠っている	叡智

Ⅰ	表象意識	ルツィフェル的
Ⅱ	霊視意識	
Ⅲ	霊聴意識	アーリマン的

ものです。私たちがこの宇宙把握を自分のものにするまでに、四世紀半が経過しました。このアーリマン的要素を自分の思考と感情の中に取り込もうと努めてから、四世紀半が経ったのです。ギリシア人の思考の中で、秘儀文化の最後の余韻が意識の最高の明るさの中に輝いた一方で、私たちの意識のもっとも深く、もっとも暗い層の中で、意識のチンボラッソ山（アンデス山脈の最高の山と思われていた）に将来、登頂すべき作業が始まっているのです。その作業は今でなければならないのです。

　私たち人間の魂のいとなみは、天秤の竿《さお》に似ています。この天秤の棹は、一方にルツィフェル的要素を、もう一方にアーリマン的要素を載せて、その均衡を求めています［図7］。その場合、ルツィフェル的要素は、私たちの明るい頭部の中にあり、アーリマン的要素は、下に、つまり私たちの意志に浸透する叡智の中にあります。今、私たちは、その中間の、何かに浸透されているようには思えない部分の中に、均衡を求めなければならないのです。

　人間のこの中間の部分にどのようにして叡智が入ってくるのでしょ

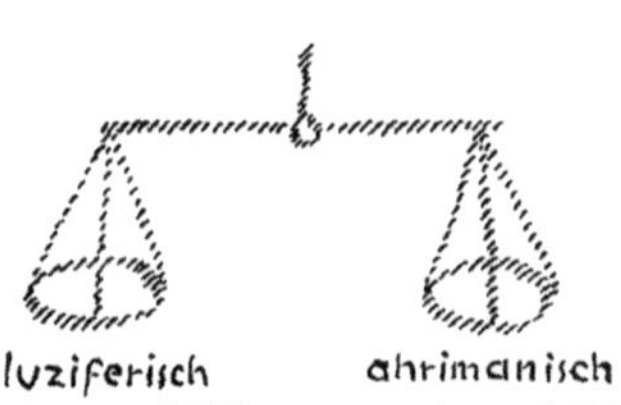

［図7］　ルツィフェル的要素　アーリマン的要素

うか。この世を生きる人間は、まず頭部をルツィフェルの叡智に支えられ、代謝と肢体をアーリマンの叡智に支えられています。しかし心臓は、私たちが意識の中間状態として述べた部分は、どうなのでしょうか。私たちの心臓組織はリズム系に依存しています。ちょうど私たちの知性が頭部と結びついているように、です（私の著書『魂の謎について』参照）。

　この中間領域の中に、次第に大きな秩序が入ってこなければならないのです。すでにそういう大きなルツィフェル的秩序が、頭の論理を通して頭の叡智の中に入り、そして数学、幾何学を通して、外的に合理的な自然観察を通してアーリマン的な秩序が入ってきたように、です。それでは、内なる論理、内なる叡智、内なる秩序能力は何を通して人間存在のこの中間部分の中に入ってくるのでしょうか。

　キリスト衝動を通して入ってくるのです。ゴルゴタの秘蹟を通して地上の文化の中に移ってきたキリスト衝動を通して、です。

　皆さん、霊学にも解剖学があるのです。それは頭の文化とは何かを私たちに教え、新陳代謝文化とは何かを私たちに教え、その両者の中間に位置する組織領域が何を必要としているかをも私たちに教えてくれるのです。キリスト衝動に浸透されること、このことは、私たち人間の本質に属することなのです。

　そこで、こう考えてみて下さい。ゴルゴタの秘蹟が地上の進化の中に生じなかったとしても、人びとは頭の叡智を持てたでしょう。また、一五世紀以後に生じたものも持てたでしょう。しかし中間部分に関しては、空虚で荒寥としたままだったでしょう。人びとは今述べた二つの内的領域の間で、ますます分裂状態を感じてしまい、その両者の間に均衡状態を生じさせることができなかったでしょう。均衡状態を生じさせることができるためには、ルツィフェル的要素とアーリマン的要素の間の均衡状態を呼び起こすキリスト衝動に、私たち自身がますます浸透されなければならないのです。

　このことから分かるように、紀元以前の四世紀半の間に、ゴルゴタの秘蹟を準備するものとして、古代の秘儀文化の最後の余波が人びとにもたらされました。その余波が古代秘儀文化を、頭に記憶として定着させたのです。そして、近世以降の四世紀半が経過する中で、新しい霊の方向が、一種の新しい秘儀文化が準備されたのですが、この二つが人類の歴史上の進化の中で結びつくことができるように、そのために、ゴルゴタの秘蹟が人類の進化に組み込まれなければならなかったのです。

　外から考察すると、ゴルゴタの秘蹟は、客観的な事実として、人類の歴史の中に組み込まれました。しかし内的には、人類がその間に成長していって、一五世紀以降、私がアーリマンの混入と呼んだあの新しい混入を受けとるまでに到るのです。そして人類は今、その混入によって初めて、自分たちが、一方ともう一方との間に橋を架けることができなければならない、と感じるようになったのです。

このように私たちは今、人間を三分節化して理解できるようになりましたが、このことをもっと詳しく理解しようとするのでしたら、これまで繰り返して述べて来たことを、今日お話ししたことと結びつけなければなりません。

ギリシア人は古い秘儀文化の最後の名残りを伝えられたのですから、無神論者になることは不可能だったでしょう。この伝統から逸脱した例外的な人たちもいましたが、しかし、こんにちにおけるほど逸脱したわけではありません。無神論は基本的に、少くともラディカルな形態においては、近世以来の所産なのです。実際、ギリシア人は、弁証法を身につけていましたから、思考を通して、抽象的な思考においても、神的なものの働きを感じとっていました。このことをふまえて、神的なものを完全に否定する無神論の出現に眼を向けるなら、この無神論がそもそも何を基礎にしているのかが分かってきます。もちろんそのことを認識するためには、霊学的な方法が必要なのですが、皆さん、無神論者とは——これは非常に繊細、微妙な問題を含んでいることなのですが——、生理的にどこかが正常でない人たちのことなのです。無神論は本当に、ひとつの病気なのです。

無神論は病気である。このことをまず第一にふまえておかなければなりません。なぜなら、私たちの生体が完全に健康であるなら、身体のどの部分をとっても、それが神的な存在に由来するものであることを、ex deo nascimur（神から生まれる）を自分で感じないわけにはいかないからです。

第二に、私たちは神的な存在を感じとることはできますが、キリストを感じとることはできないのです。現代人はこの繊細で微妙な区別ができずにいます。ほかの諸分野でも同じことが言えますが、私たちはこんにち、言葉で表現できさえすれば、満足してしまいます。言葉に頼ることをやめて、多くの西洋人の本来の精神的内実を知ろうとするなら、その西洋人たちが自分のことをキリスト教徒だと思っており、意志の自由を信じている、と口では言っていても、その人たちの思考の在りよう全体がその人たちの言っていることとどんなに矛盾しているかが見えてくるのです。

ただ自分たちの共有している文化との関連で、キリストについて、自由について語ることに慣れているだけなのです。愛する皆さん、実際、私たちの大部分はトルコ人となんら変わりがないのです。私たち大部分の信仰内容は、イスラム教徒の信仰内容と変わりなく、まったく同じように宿命論なのです。ただ私たちの場合、しばしばこの宿命論は自然必然性と呼ばれているのですが。

イスラム教は人が考えている以上に、はるかに広く普及しています。私たちが言葉に頼るのではなく、霊的、魂的な内容に従うのなら、多くのキリスト教徒はそもそもトルコ人なのです。

自分たちの感じている神とキリストとの間の通路を見出せずに、ただ自分たちを「キリスト教徒」と呼んでいるだけなのですから。

ここで『キリスト教の本質』を書いた現代の神学者アドルフ・フォン・ハルナックのことを、古典的な例として取り上げてみます。どうぞためしに、『キリスト教の本質』の中の「キリスト」という言葉をすべて消して、その代わりにただ「神」と書き換えてみて下さい。この本の内容は、それによって何も変わりません。この学者の語っていることがキリストの言葉である必然性は、どこにもないのです。彼はただ、宇宙の基礎になっている一般的な「父なる神」のことだけを語っているのです。彼の述べていることをキリストと結びつける必要はまったくないのです。彼が何かを証明してみせるとき、その内容は、外的にも内的にも、真実ではありません。福音書の中から個々の語句を引き出しているのですが、その語句を解釈するやり方からすれば、その語句をキリストと関連づける理由は見出せないのです。

私たちはキリストと父なる神とを同一視させないような立場に立たなければなりません。しかし非常に多くの、現代の、特にプロテスタント系の神学者たちは、そういう立場にもはや立てなくなっています。一般的な神概念とキリスト概念とを区別することができなくなっています。人生の中にキリストを見出せないということは、神を、つまり父なる神を見出せないこととは違うのです。

お分かりだと思いますが、このことはなんらかの意味でキリストの神性に疑問をもつ、ということではないのです。しかしこのことは、人間の魂のいとなみに関わる問題でもあります。父なる神が見出せないのは、病気なのです。そしてキリストが見出せないのは、不幸なのです。なぜなら人間とキリストの結びつきは、人間がキリストを必要とし、キリストに頼らざるをえない、ということなのですから。私たちは、ひとつの歴史的な出来事としてのキリストの出現に頼らざるをえないのです。私たちは、この地上における外的な生活の中で、キリストとの関連を見出さなければならないのです。もしもこの関連が見出せなかったら、それは不幸なことなのです。無神論者であること、父なる神を見出せないことは、病気です。子なる神、キリストを見出せないことは、不幸なことなのです。

　では、霊を見出せないとは、どういうことなのでしょうか。自分みずからの霊性と宇宙（世界）の霊性との関連を見出すために、自分みずからの霊性を把握する可能性を持たないというのは、薄弱な精神性のあらわれです。霊を認めないということは、ひとつの知的障害なのです。

　人間の魂のこの三つの欠乏のことを、どうぞもう一度想い起こして下さい。そうしたら、正しい仕方で、この考察を明日の考察につなげることができます。今日私は、別の観点から、「三つの意識」の問題を取り上げました。どうぞ思い出して下さい。無神論者であること、私たちがそこから生まれたところの、そして完全に健康な身体組織の下で見出さなければならない神を見出せずにいるということは、病気なのです。そしてキリストを見出せないのは、不幸なのです。そして霊を見出せないのは、魂の知的障害なのです。

以上のような仕方で、三位一体への三つの道が区別できます。そしてこういう仕方で、具体的に魂のいとなみに関わることが、ますます人類にとって必要になっているのです。いつまでも一般的な、漠然とした、曖昧な事柄に留まっていてはなりません。でも現代は、そのような漠然とした曖昧さが特に好まれています。そういう現代の傾向を、魂を具体的に体験しようとする傾向と取り換えること、それが今、時代の切実な課題になっているのです。

第五講

一九一九年一一月二九日

人間がみずからの魂にふさわしい真実の意識を獲得するためには、少くとも人類進化のもっとも重要な、もっとも本質的な法則を受け容れなければなりません。人類進化の過程で生じたものを自分の魂のいとなみの中に取り入れるためにも、その生じたものをまず十分に認識していなければならないのです。

このことは現代人にとっての大切な課題であり、使命でもあります。ここ数日の間に気がついたことですが、今、私たちにとって大切なのは、人類の進化そのものもまた、一種の生きものの、生きた存在の進化なのだ、ということをまったく真剣に考えることではないかと思うのです。

一人ひとりの人間という個体の場合に合法則的に成長していくのと同じことが、全人類の進化にも言えるのではないのでしょうか。特定の事柄を意識にのぼらせるべき時代を迎えているように、そして誰でも人類進化のさまざまな在りようを輪廻転生の中で体験してきたように、人類進化のそれぞれの時期における人類の魂の在りようの相違についても理解できるようになる必要があるのです。

これまで何度も申し上げてきたように、こんにち「歴史」と呼ばれているものは本来、単なる作り話にすぎません。なぜなら、諸事件の歴史的な経過を抽象的に集めて、原因と結果を外から考察するのに終始している限りは、時代を生きる人間の魂の変化、変容をまったく考慮に入れていないからです。

その意味であらためて歴史を考察すると、歴史上の最初の文献が取り上げている時代に到るまで、いつの時代の人間の魂も現代の人間の魂とほぼ同じような在りようをしていると信じ込んでいるのが分かります。そしてその意味で、歴史考察が偏見にまったくとらわれている、と思わざるをえないのです。

人間の魂が太古から現在まで同じ魂であり続けているはずはないのです。例えば、九世紀、一〇世紀のもっとも単純素朴な人びとは、一五世紀中葉以降の人びととは、魂の在り方がまったく違っていました。

このことは衰退期の人類にも、繁栄期の人類にも当てはめることができます。例えば、ダンテ［一二六五〜一三二一年］の注目すべき書『帝政論』に眼を通してみて下さい。好奇心からではなく、文化史的な嗅覚を働かせて読んで下されば、あの時代の代表的な精神が著したこの本の中に、現代人の魂によってはありえないような記述を認めて、驚かされることでしょう。

そのような例をこの書の中からひとつだけ挙げてみますと、君主制の法的な基礎づけ、政治的な基礎づけを論じたこの書の中で、ダンテはローマ人が地上でもっともすぐれた民族であった、と論じています。そして当時、問題になりえた限りでの地上全土を征服するのは、ローマ人の基本的な権利であった、と論じているのです。ダンテは、より小さな民族集団の自立する権利よりもローマ人による地球全土の征服の権利のほうがより大きな権利である、と述べようと試みています。なぜなら、神はローマ人が個々の小さな民族集団を、その小さな民族集団たちの幸せのために支配するのを望んでおられるのだから、というのです。

ダンテはローマ民族に地球全土を支配する権利を与えるために、彼の時代の時代精神にもとづいて、多くのことを証明してみせました。その証明とは、次のようなものです。——

ダンテが言うには、ローマ人の祖先はアエネアスです。アエネアスは三度結婚しました。最初はクレウサと結婚してアジア人の始祖となり、それによってアジアを支配する権利を獲得しました。アエネアスは次にディドと結婚し、それによって祖父としてアフリカを支配する権利を獲得しました。それからアエネアスはラヴィニアと結婚し、それによってヨーロッパを支配する権利を——つまりローマ人のために——獲得しました。かつてヘルマン・グリム［一八二八―一九〇一年」はこのことについて発言し、そしてこう注釈を加えました。――当時まだアメリカとオーストラリアが発見されていなかったことは、まったく幸せなことだった、と。とはいえ、こういう判断を下すのは、ダンテ時代の聡明な人にとっては、まったく当然のことだったのです。当時の法的な立場とは、そんな風なものだったのです。そこで考えてみて下さい。現代の誰か法律家がこういう判断を下したとします。皆さんにとって、そんなことはありえないでしょう。ダンテが持ち出している別の諸理由についても、現代人の精神からすれば、そんなことは到底ありえないことでしょう。ですから、まったく明らかな事実として申し上げるのですが、人類の精神は変容してきたのです。

けれどもこういう問題は、こんにちに到るまで、理解されずにきました。でも私たちの時代には、そんなことではもはや、やっていけません。特に未来に向けての人類にとっては、そんなことではやっていけません。なぜなら、単純な理由からなのですが、人類はこんにちに到るまで、――または少くとも一八世紀末に到るまで（フランス革命が生じてからは次第に変わっていったのですが、以前の精神の古い残滓はずっと残り続けました）――、ですから人類は、こんにちに到るまで（今述べた限定をふまえて）、一定の本能をかかえていました。しかし人類は、この本能から魂を担ったひとつの新しい意識を発達させることができたのです。

さて、人類のからだがますます変化を遂げていくに応じて、この本能はもはや存在しなくなりました。ですから人間は、意識的な仕方で、個々の地域や集団ではなく、人類全体との関連を獲得しなければならないのです。

このことは、現代における社会問題の意味、その深い意味なのです。人びとが党派的な立場に立って語る事柄は、その深い意味のうわべだけを語っているのです。人びとの魂の深層で働いているものがそういう物言いの中でも語っているのですが、人類の感じている本当の思いは、私たちが一人ひとり、意識して人類全体との関連を獲得しなければならない、つまり社会的な衝動を意識して自分のものにしていかなければならない、ということなのです。

さて、私たちがこのことを感じることができるためには、進化、発展の法則と真剣に向きあうのでなければなりません。このことについては、これまでも他の問題との関連でいろいろ述べてきましたが、ここでもあらためて取り上げたいのです。例えば、四世紀から一六世紀までの時代を取り上げてみましょう。この時代にキリスト教が文明化されたヨーロッパの中に普及しました。

私たちはこの普及の中にも、昨日も、他の機会にもしばしば言及したことのある、あの特徴を見てとることができます。すなわちこの時期には、古代ギリシア文化以来の諸表象、諸概念によってゴルゴタの秘蹟を理解しようと、あらゆる努力が重ねられたのです。しかしそのときから、進化、発展の新しいかたちが始まりました。この変化したかたちは、すでにそれ以前の一五世紀中葉から始まったことを、私たちは知っていますね。そしてそのかたちが眼に見えてはっきり現れるようになったのは、一六世紀になった頃からです。次いで自然科学に則った思考が、はじめは一部の人びとの心を捉えるようになりますが、ますます広範囲に普及していきます。

　そこで、この自然科学に則った思考を、その一定の特徴をふまえて考察してみようと思います。自然科学に則った思考には多くの特徴が見られますが、今日は特にその一点だけを取り上げてみます。すなわち、こんにちから見て、はっきりと近代的な思考であると思われるものは、「自然必然性と自由」という問題にまともな対応ができない、という点です。

　近代の自然認識は、人間を自然の一部分であると考える方向にますます進んでいます。つまり人間を互いにしっかりと制約し合っている原因と結果の連鎖としての自然の一部分である、と考える方向にますます進んでいくのです。もちろんこんにちの多くの人は、自由を、自由の体験を、人間意識のまぎれもない事実であるとして、当然のように受け容れています。けれども近代の自然認識に関与している人には、とても当然のこととして受け容れるわけにはいかなくなっているのです。

　こんにちの自然科学者が人間の本性について考えるときには、人間の自由への要求をその自然科学的な思考から取り出すことなどできるはずがないのです。人によっては、人間の白由、人間の責任感について安易に考えて済ませていますが、私の知っている或る刑法の専門家は、刑法についての講義をいつでも次のように始めていました。——「皆さん、刑法について考えるときには、公理として、人間の自由と責任とが存在することを前提としなければなりません。なぜなら、もしも自由と責任が人間にないとしたら、刑法も存在しえなくなるからです。しかし刑法は存在します。そうでなかったら、私は皆さんに刑法を講じる意味がありませんから。だから当然、責任と自由とは存在するのです」。

　この論の立て方は、いささか単純すぎるかもしれませんが、自然必然性と自由とをどう結びつければいいのか、と問うとき、それにまともに答えるのがどんなに容易なことではないかを示唆してくれてはいます。

　このことは、別の言い方をすれば、ここ数世紀の間、自然必然性の全能ぶりをますます考えざるをえなくなっている、ということにほかなりません。こんなことを言いたくはありませんが、自然必然性の全能ぶりを無視するわけにはいかないのです。

　では、自然必然性とは何なのでしょうか。そのことの本質をはっきり理解するためには、私がこれまで何度も述べてきたことを思い出していただかなければなりません。

　人間は体と魂（からだとこころ）から成り立っている、と主張する現代の思想家たちは、自分たちが偏見なしに、もっぱら科学的な態度で研究し、行動している。というか、思考している、と信じています。

いいですか、人びとは――表向き偉大な、とはいえもっぱら出版社側の事情でのみ偉大な哲学者ヴィルヘルム・ヴント［一八三二―一九二〇年］に到るまで――、こういう主張をしているのです。「なにものにもとらわれずに考察するなら、人間は体と魂から――魂を認めることができる限りで――、体と魂から成り立つ存在なのだ」と。人間を体と魂と霊に分けようとする真実の試みは、おそるおそる主張するしかないような、頼りない主張になっています。

人間を体と魂とに分けることを偏見のない態度だと思っている哲学者たちは、自分たちのこの二分節化が、コンスタンティノープルにおける第八回公会議から始まった歴史的な経過の結果であるにすぎないということを知らずにいます。この公会議でカトリック教会は、これからの正しい、信心深いキリスト教徒は、人間が体と魂から成る存在であり、その魂は若干の霊的特性をも持っている、と考えなければならない、ということを教義にしたのです。そうすることで、霊を一人ひとりの人間から切り離してしまったのです。

これは教会による命令でした。そして、その命令をこんにちも哲学者たちは忠実に守っているのです。自分たちが教会の命令に従っているだけだとはまったく思わずに、偏見のない科学を学んでいると信じています。こんにち「偏見のない科学」と呼ばれているものの中には、このような場合がなくはないのです。

自然必然性についても、同じようなことが言えます。四世紀から一六世紀に到るまでの歴史上の進歩、発展のすべては、特別の神概念をますます固定化していきました。これらの世紀の精神的な進歩を細部にわたって辿っていきますと、特定の神概念がますます人間の思考の中に固定化されていったことが分かります。この神概念の頂点をなすものが「全能なる神」という言い方なのです。

ごくわずかな人しか知らずにいることですが、例えば、四世紀以前の人間にとって、神を全能だと語ろうなどとは思ってもみないことだったでしょう。愛する皆さん、私は公教要理の言う真理を問題にしているのではありません。もちろん公教要理には、神は全能であり、全智であり、善そのものである、と述べられています。こういうすべては、現実とは無関係の教義なのです。

四世紀以前だったら、教義を理解し、本当に教義と取り組んだ人であれば、全能を神的存在の根本的な特質であるなどとは考えなかったでしょう。当時はまだ古代ギリシアに由来する影響が残っていたので、神的存在のことを考えるときには、全能なる神とは言わず、全智なる神とだけ言ったでしょう。

叡智は、人が神的存在のためにまず提示した根本的な特性でした。そして全能という概念は、四世紀になってから、神的存在という理念の中に次第に取り込まれていったのです。この事情はさらに展開していき、人格概念は失われ、その代わりにますます尊称が機械的に表象されるようになっていきました。そして自然秩序の術語と重なっていくのです。つまり、新しく理解された自然必然性の概念である自然の全能という言葉は、四世紀から一六世紀までの神概念の発展の成果と重なっていくのです。人格の特性が放棄された結果、神概念として採用されたものは、自然思考の構造の中から取り出されたのです。

愛する皆さん、こんにちのまともな自然科学者たちに、上に述べたような事柄を語ったら、その人たちはもちろん強い拒否反応を示すでしょう。ちょうど哲学者たちの多くが、人間を体と魂から成る存在であると考えることを、いっさいの偏見なしに考えていると信じていながら、実は八六九年のコンスタンティノープルの第八回公会議の決定に従っているだけであることと共通しています。哲学者たちが歴史のひとつの潮流に依存しているのと同じように、自然科学者たちもこぞって、ヘッケル派もダーウィン主義者も、自然秩序を問題にする物理学者に到るまで、誰も彼もがアウグスティヌスからカルヴァンに到る時代に形成された神学思想に依存しているのです。

私たちはこういう事柄を洞察しなければなりません。なぜなら、どんな進化の流れの特徴でもあるのですが、その流れは一定の進化を示しているだけでなく、それと重なって退化もしくは下降をも示しているのですから。つまり「全能なる神」という概念が発達した一方で、人間の魂の深層意識の中には「底流」が存在していて、それがあとから指導的な「主流」に、つまり、自然必然性［図8の赤］になったのです。そしてさらに一六世紀以降、ふたたびひとつの新しい底流が現れ、それが私たちの時代に、まさに主流になる準備をしているのです。

私たちがミカエル時代の特徴として述べてきた事柄の本質がここにあるのです。すなわち自然必然性のひとつの底流というかたちで用意されてきたものが、今からはひとつの主流にならなければならないのです。

けれどもいま、何が準備されているのかについて、なんらかの可能な概念を得ようとするのであれば、地球紀の進化の内なる霊を理解することができなければなりません。

最近一度お話ししたことがあるのですが、地球の進化、特に人類の進化におけるおのずからなる経過は、下降線上を辿っています。地球上の人類の、そして地球そのものの進化は本来、破滅への道を辿っているのです。このことは地質学でも認められています。地質

［図8］

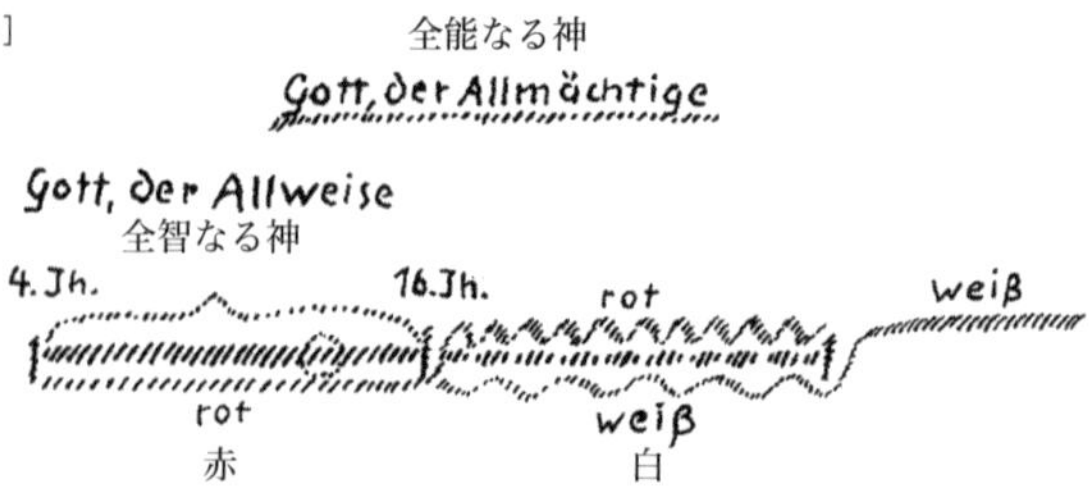

学者も、地殻がすでに崩壊過程を辿っていることを認めているのです。このことも、前に申し上げました。しかしとりわけ本来、感覚的、物質的な世界の中で崩壊過程を辿っているのは、人類そのものなのです。ですから人類の働きがさらに進んでいけるためには、どうしても人類は、破滅に反対して働く霊的な諸衝動を受容しなければなりません。そして、意識的に霊的な生活を人類の中に生かさなければなりません。私たちはすでに地上の進化の峠を越えてしまったのです。地球の進化がさらに続いていくためには、霊的な働きをますます意識して、ますますはっきりとした態度で受容していかなければならないのです。

　このことは、はじめは抽象的な事実であるように思えるかもしれませんが、愛する皆さん、霊学を研究する者にとっては、決して抽象的な事実なのではありません。皆さんもご承知のように、地球という存在の進化は、土星紀、太陽紀、月紀を経過して、今、地球紀の段階にまで到りました。この進化については、こうも言うことができます。――こんにちの人類について語るときには本来、土星紀、太陽紀、月紀を通して発展してきたものは、準備であり、前段階であったのだ、と。

　地球紀に到ってやっと人類は、みずからの自我を獲得しました。つまり人間の本性を獲得したのです。そしてこの本性の中に、地球紀に続く進化の諸段階を通して、更なるものが注ぎ込まれるのです。

さて、皆さんもご存知のように、土星紀において、人格霊もしくは時代霊でもある、いわゆるアルヒャイ（原初）が、外見上はまったく違った姿ではありましたが、こんにちの人間と同じ進化段階に達していました。ですから私の著作の中で、私はこのことを、こんにちのアルヒャイ（人格霊）は土星紀においては人間であった、と述べました。大天使は太陽紀において人間でした。天使は月紀において人間でした。そして地球紀においては私たちが人間なのです。

さて私たちは、もちろんいつでも準備しつつ、進化を共にしてきました。私たちが月紀に遡るだけでも、こう言わなければなりません。――そのときは天使が人間だった、と。もちろん私たちのような人間の姿ではありませんが。なぜなら、古月紀の環境は今とはまったく違った状態だったのですから。けれども月紀の人間である天使以外に、私たちも前段階の中で、地球紀の進化の前段階の中で、進化を共にしていました。非常に先に進んでいた天使にとって、月紀での私たちはすでに知られていました。特に月紀がすでに下降期に入っていたときの私たちは、時にはまったく煩わしい、厄介な存在として天使から問題にされていました。

けれども今、私たちも下降期における地球紀の中で、それと同じような状況にあるのです。地球紀が下降期に入って以来、別の本性たちが私たちにつきまとっているのです。

皆さん、このことは霊学研究のひとつの大きな、重要な成果であり、非常に、非常に真剣に受けとめなければならない成果なのです。すなわち、私たちがすでに達している地球進化の今のこの段階において、木星紀に、つまり地球紀の次なる進化期において、別の人体形姿をとってではあっても、人間存在に対応する存在に昇進するであろうものたちが私たちに影響を及ぼしているのです。

私たちは木星紀においては別の存在になっているでしょう。けれども木星紀に人間になるものたちが、すでに今、月紀での私たちがそうしていたように、今私たち人間につきまとっているのです。

こういう存在たちが今、すでにいるのです。もちろん外的には見えていません。けれども最近も皆さんに、外的に見えるとはどういうことかお話ししましたね。そして人間は超感覚的な存在でもある、と申し上げました。この本性たちはまさに超感覚的に存在しているのです。

もう一度強調しておきたいのですが、眼に見えぬ本性たちが人類のまわりで影響を及ぼしているのです。このことは非常に深刻な真実なのです。一五世紀の中葉以降、彼らはますます人間に影響を及ぼしています。

この本性たちはまず特別の仕方で人間の意志力に良く似た力の衝動を発達させました。この意志力のことは昨日も取り上げて、それが人間の意識の深層で働いている、と申し上げましたね。この不可視の本性たちは、通常のこんにちの意識にとっては意識されずにいるものと同類なのですが、こんにちの人類の進化に非常に強力な働きかけをしているのです。

霊学研究を具体的にまじめに受けとっている人にとって、このことは極めて重大な問題です。一九一四年にこの大戦という破局が始まったとき、この問題が特に強く私の前に立ち現れました。当時、私はこのことを友人たちの多くにあれこれ語りました。その当時、私たちはこう自分に問いかけないわけにはいきませんでした。――今のこの事件は、その原因をこれまでの歴史的な事件に対するのと同じ仕方で測ることなど不可能だ。こんなことがどうしてヨーロッパの人びとの上に襲ってきたのか。一九一四年において重大な問題を決めるのに、ヨーロッパの三～四〇人程度の人間しか関与していなかったのですが、このことを知っている人は、そしてこの人たちの大半がそのときどんな精神状態にあったかを知っている人は、今大変な問題の前に立たされているのです。

なぜなら、愛する皆さん、今でしたら、とても理解できないことのように思われますが、この人たちの大半は曇った意識状態にあったのですから。意識が暗くされていたのです。そもそもここ数年間の非常に多くのことは、曇った人間意識によって惹き起されたのです。そういう仕方で非常に多くのことが今生じているのです。

一九一四年の決定的な諸場面においては、例えば、七月末から八月初めにかけてのもっとも重要な諸決定は、暗くされた意識のもとで、なされたのです。そしてそれからも、一九一九年一一月の現在に到るまで、同じことが繰り返されました。これは実に恐ろしい事態です。霊学の立場からこの問題を考察しますと、この暗くされた意識は、まさに門になっており、その門を通って、今、この意志存在たちがこれら重大な決定権をもつ人たちの意識の中に入り込んで、その意識を暗いヴェールに覆われた意識にしてしまったのです。そして、この意志存在たちの思うままにされてしまったのです。人間の意識を占有した存在たち、まだ人間の段階に達していないこの存在たちとは、そもそもどんな本性の持ち主なのでしょうか。

愛する皆さん、私たちは人間の知性の根源を、人間の知的態度の根本を問いました。この態度は、もっぱら人間の頭部組織を自分の道具にしています。そしてすでに申し上げたように、私たちの魂のこの知的な態度は、普通、象徴的に「龍の追い落とし」と語られている、あのミカエルの行為に由来するものなのです。

これはもともと非常に通俗的な象徴です。ミカエルと龍の関係を正しくイメージするのなら、龍とは本来、私たちのいわゆる理性、私たちの知性と関わりのあるすべてのことなのですが、ミカエルは自分に敵対するこの龍の群れを地獄に追い落とすのではなく、人間の頭の中に追い込むのです。その結果、人間の頭部の中で、龍の群れがルツィフェル的な衝動となってさらに生き続けるのです。

私は、人間の知性を本来のルツィフェル衝動である、と申し上げてきました。ですから、こう言うこともできるのです。――「地球の生成過程を回顧すると、ミカエルの行為を見出す。

そしてこのミカエルの行為と結びついて、人間の理性に光明が与えられたのだ」。

そこに人間よりも下位に位置する本性たちが登場します。この本性たちの主要な性格は、人間の意志と非常によく合致する衝動をもっていることです。

人間の意志の力はいわば下から昇ってきます。一方、ミカエルによって追い落とされた群れもしくは諸力は、上からやって来ます。そしてこれらの群れもしくは諸力が人間の表象能力を占有する［図9］一方で、人間よりも下位に位置するあの本性たちは人間の意志力を占有し、人間の意志力とひとつに結びつきます。この本性たちは、アーリマンの領界から産み出された存在たちなのです［図10］。この暗くされた意識を通して作用するのは、アーリマン的な働きだったのです。

愛する皆さん、この諸力を、こんにちの磁力、電力などと呼ばれているものと同じような、客観的にこの世に存在する自然の力であると考えて下さい。私たちは自然を、ゲーテの詩や散文で扱われている、人間をも共に含んだ「自然」である、と考えなければならないのです。

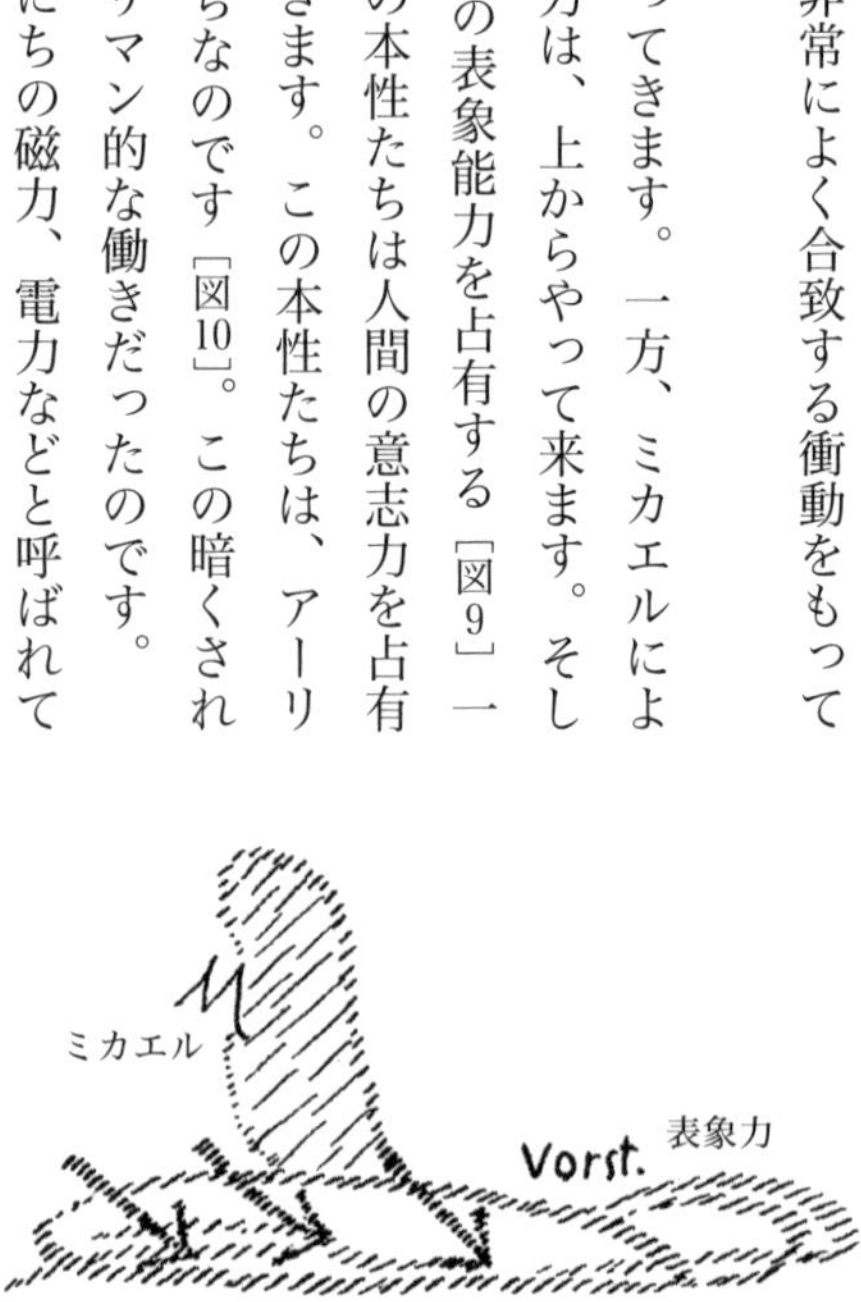

［図9］

一方、こんにちの自然研究が表象する自然の中には、人間が存在していません。ただ人間の物質的、肉体的な外被だけが存在しているのです。

　これらの本性たちは、アーリマン的本質の上昇を示しています。一方、地球生成の発端においては、ルツィフェル的本質が落下したのです。アーリマン的な本質を示す存在たちは、人間の意志力に感応しています。一方、他のルツィフェル的な本質を示す存在たちは、人間の表象力に感応しています。私たちは人類進化の内部にそれらの存在たちが来ていることを、はっきりとわきまえていなければなりません。

　私たちはこれらの存在たちが今ここに来ているということを、ひとつの自然現象として受けとらなければなりません。この自然現象は今のところはもちろん人間にしか生じていません。なぜなら、動物界はずっと後《のち》の地球紀になって初めて取り込まれたのですから。彼らは動物界にはまだ何の影響も及ぼしていないのです。

　しかし、この存在たちを顧慮することなしに、人類を理解するこ

[図10]

とはできません。言ってみれば、この存在たちはうしろから押し出されているのです。なぜなら彼らのうしろには、アーリマン的なものが立って、彼らに強力な意志を与え、彼らに彼らの路線を決める力を与えているのですから。ですから本来、人間の下位に位置するこの本性たちは、高次の存在であるアーリマン的霊たちに支配されて、彼ら自身の本性、性質をはるかに超えた何かをもっているのです。

　このことを通して、彼らは人間をとりこにしてしまいます。そして霊の働きによる魂の強化をしようとしてこなかった人間に対して、人間自身が自己をコントロールする力よりも、それ以上の力を、本質的にそれ以上に強力な力を、人間に及ぼしているのです。

　この一群の存在たちは、そうすることで一体何を意図しているのでしょうか。彼らの狙いはどこにあるのでしょうか。皆さん、ミカエルが追い落とした群れ、あのルツィフェル的な存在の群れは、人間を啓蒙して、理性化した存在にしようとしてきました。一方、この一群の存在たちは、人間の意志の中に浸透しているのですが、そうすることで、一体何がしたいのでしょうか。人間がまだ覚醒時にも眠り続けている意識の最深の層の中で、一種の扇動行為をしようとしているのです。彼らが人間の魂の中に、そして身体の中にどのように入り込んでいるのか、当の人間はそのことに注意を向けることができません。そのことに気づきもしないでいます。けれども、彼らはみずからの影響力を発揮して、キリスト化されずにいる、そしてまたルツィフェル的なままでいるすべてに影響を及ぼしているのです。彼らはそうするに十分な力をもっていますから、思いのままにそうすることができるのです。

愛する皆さん、今のこの私たちの時代は、こういう問題に向き合っているのです。私たち人間は、こういう事柄にもはや無関心でいることなど許されません。安心して日々を過ごすわけにはいかないのです。実際私たちは、人間について別様に考えることに馴れてしまっているのです。そもそも人間に近寄って考えようとはまったくしていないのです。現在、こういう事柄の真実を徹底して話し合うという真理感覚を愛する人は、少数しかいません。こういう事柄を感傷的な態度で誤解して、こわいとか、おそろしいとかと思うのが関《せき》の山なのです。

しかし以上をふまえて考えれば、今、私たちがキリスト衝動とは何かを根本的に認識しなければならないところに来ていることは明らかです。私たちが今しなければならないのは、キリスト衝動がどこなら、どんなところなら存在していないのか、を認識することです。昨日述べたように、キリスト衝動は意識の中間の層に位置を占めなければならないのですが、今日それに付け加えなければならないのは、私たちがこのキリスト衝動を意識の中間層に受け容れて、本当にみずからにキリストを浸透させるとき、このアーリマン的な諸力が中間層には入り込めなくなるということ、そこへは昇っていけなくなるということです。ルツィフェル的な知的な力がその霊的な力を行使しても、そこまで降りてこれなくなる、ということです。すべてがこのことに懸《か》かっているのです。

こんにち私たちがどうしても認識しなければならないのは、人間的な、まったく人間的な影響関係に留まらず、人間以外の、人間より下位の存在たちからの影響関係も意識していなければならないということです。

八日前は、ミカエルの影響について申し上げ、その影響の特徴を取り上げました〔第一講〕。この影響は非常に必要であり、不可欠です。なぜなら、かつてミカエルの影響によってルツィフェルの働きが人間の知性の中に流入したように、今その対極として一種のアーリマン的本性たちが上へ昇って来ているのですから。そして、ミカエルがこの場合にも活動を続けているおかげで、人間は下から昇ってくるものに対して武装できるのですから。

こんにちでは、生理学の分野でも、もっぱら自然必然性に依存する危険にさらされています。自然必然性という一種の宿命論に依存させられているのです。学校教育も人生教育も、もっぱら自然必然性の全能という立場に立っています。このことは人間の頭の働きを無力化し、意識を非常に受動的なものにしてしまいました。受動的な態度でもっぱら他の働きを受け容れ、キリスト衝動がこんにちの形態をとって人間の魂に働きかけようとするときも、そのときに必要とされる魂の強さを取り戻せなくされているのです。

愛する皆さん、明日この続きの話をさせていただきますが、この時代に今日《きょう》語り始めたこと

郵便はがき

料金受取人払郵便

神田局
承認

1280

差出有効期限
令和５年３月
31日まで
（切手不要）

101-8791

535

千代田区外神田
二丁目十八―六

春秋社

愛読者カード係

＊お送りいただいた個人情報は、書籍の発送および小社のマーケティングに利用させていただきます。

(フリガナ) お名前	歳	ご職業
ご住所 〒		
E-mail 小社より、新刊／重版情報、「web 春秋 はるとあき」更新のお知らせ、イベント情報などをメールマガジンにてお届けいたします。	電話	

※新規注文書（本を新たに注文する場合のみご記入下さい。）

ご注文方法 □**書店で受け取り** □**直送(代金先払い)** 担当よりご連絡いたします。

書店名	地区	書名		冊
				冊

購読ありがとうございます。このカードは、小社の今後の出版企画および読者の皆様とご連絡に役立てたいと思いますので、ご記入の上お送り下さい。

書　名〉※必ずご記入下さい

●お買い上げ書店名(　　　　　地区　　　　　　　　書店　)

●本書に関するご感想、小社刊行物についてのご意見

※上記をホームページなどでご紹介させていただく場合があります。(諾・否)

●購読メディア

新聞
雑誌
その他
メディア名
(　　　　　　)

●本書を何でお知りになりましたか

1. 書店で見て
2. 新聞の広告で
(1)朝日 (2)読売 (3)日経 (4)その他
3. 書評で (　　　　　　　　紙・誌)
4. 人にすすめられて
5. その他

●お買い求めになった動機

1. 著者のファン
2. テーマにひかれて
3. 装丁が良い
4. 帯の文章を読んで
5. その他
(　　　　　　　　　　)

●内容
□満足　□不満足

●定価
□安い　□高い

●装丁
□良い　□悪い

●最近読んで面白かった本　(著者)　　　　　　(出版社)

(書名)

㈱春秋社　電話 03-3255-9611　FAX 03-3253-1384　振替 00180-6-24861
E-mail:info@shunjusha.co.jp

をお話しするのは、私の義務だと思っています。特定のアーリマン的な本性たちが出現していることは、どうしてもお話ししなければならないのです。いろいろな人たちがこんにち、すでにこのことを知っています。しかしその人たちは間違った解釈をしています。なぜ間違った解釈をしてしまうのかというと、キリスト－ルツィフェル－アーリマンという現実の三位一体について何も知らず、何も知ろうともしないで、アーリマンとルツィフェルを一緒くたにしているからです。

　そうなったらもう区別がつきません。今、立ち現れているこのアーリマン的な本性たちの本当の性格を、しっかりと見通せなくなってしまいます。アーリマン的なものの本体を明るみに出して、ルツィフェル的なものの対極であることを知っているときにのみ、ミカエルによる龍の追い落としの対極に今立ち現れるこの超感覚的な影響力が、どんなものなのかが分かるのです。この対極として今現れるのは、アーリマン的な深層から出てくる特定の本性たちです。人間が勝手気儘《きまま》な、本能的な衝動に身をゆだねて、自分のその衝動にしっかりと向き合おうとしない限り、人間の内部にこういう存在たちの働く特別な弱点を作ってしまうのです。

　けれどもまさにこんにち、ひとつのやり方が幅を利かせています。反手段と言ったほうがいいかもしれませんが、本能的なものを覆い隠すために、ひとつの概念を打ち立て、さらにもうひとつ別の概念をその上に置くのです。ですから何がそこにあるのか、正確に判断できなくなってしまうのです。

考えてみて下さい。近頃のプロレタリアートの叫び声を。この叫び声の下には——何度も申し上げてきましたが——、人間性の非常に正当な要求が立っています。しかし今は、この正当な要求を直接訴えてはいないのです。私たちは社会有機体三分節化の立場の中で初めて、この要求を訴えかけていますが、本質的に別のことを訴えかけているのです。——「全国のプロレタリアよ、団結せよ！」

これは何を言おうとしているのでしょうか。他の諸階級に対する反感を、プロレタリアに固有のその反感を訴えかけているのです。憎しみに通じるものを一人ひとりの個人が自分の中に養成しよう、と訴えているのです。そして団結しよう、つまり互いに愛し合おう、諸君の憎悪の感情を団結して、一つの階級の愛を求め、憎しみからひとつの階級の成員たちの愛を育てよう。憎しみからの、または憎しみにもとづく相互愛です。

皆さん、二つの対極にある概念がそこに提示されているのです。このことは人間の理解力、把握力を混乱させ、本能が押し返され、そして自分の内部で何と関わればいいのか分からなくさせているのです。逆説的に言えば、まさに一種の反手段が現れて、現代の人間の思考によって、今述べたアーリマン的な本性たちに特別強力な攻撃点を提供することを許しているのです。

第六講

一九一九年一一月三〇日

この連続講義のこれまでの話からも分かっていただけたと思いますが、人間の本性を完全に理解するためには、人間を分節化すること、特に人間の頭部組織と頭部以外の組織との間の相違を見極める必要があるのです。そして、さらにこの頭部以外の組織をも区分しなければなりませんから、全体として人間を三つに分節化することになりますが、現在と近い将来における人類の進化の中の重要な衝動を理解するためには、頭部人間と頭部以外の人間の組織を区別することが重要なのです。

さて、霊学の立場から、頭部の人間と頭部以外の人間とに分けて考察するには、頭部組織と頭部以外の組織とをまずイメージとして受けとらなければなりません。それらの組織を魂的、霊的なもののために自然そのものによって創り出されたものとしてイメージするのです。霊的なものの開示として、です。人体は、地上の人類進化の最中《さなか》にあります。その進化の中での頭部組織とその他の組織のさまざまな在りようを考察するときに初めて、人類進化の意味が見えてくるのです。

頭部組織に結びついているもの、特に人間の表象生活の由来は、非常に遠い過去にまで遡ります。さしあたり後アトランティス期の中で考えるなら、後アトランティス人類進化期の非常に遠い過去にまで遡ります。

アトランティス大陸の大破局に直接続く時代、つまり西暦紀元前六、七、八千年期に眼を向けますと、もちろんはじめは当時の文明化された地域に眼を向けますと、私たちのこんにちの魂の在りようとはまったくかけはなれた魂の在りようにまで遡ります。当時の人間の意識内容、世界を把握するときの把握内容は、今の私たちの知覚内容、思考内容とは較べることさえ困難です。

『神秘学概論』の中で、私はもっとも古い時代にまで遡るその文化を、「原インド文化」と名づけました。こう言うことができます。――当時の頭部系の人体組織は、私たちの現在の組織とはかけ離れており、私たちのように空間と時間の中に存在を位置づけることは、この太古の住人たちにとってまったく考えられませんでした。宇宙（世界）を概観するとしたら、測りがたい広がりを見、そしてまた時間は、さまざまに、多様に入り組んでいたのです。空間と時間で宇宙全体を枠づけることなど、この古い時代には、考えられませんでした。

空間と時間で宇宙を把握することの最初の徴候は、紀元前五、四千年紀、つまり原ペルシア時代に現れます。とはいえ、当時の魂のいとなみ全体も、とてもこんにちの場合と較べられるようなものではありませんでした。

特にその時代に特徴的だったのは、いたるところに光のニュアンスを、明と暗を見てとることでした。私たちの思考の基本である「抽象化」は、当時の人びとにとっては、まったく無縁なことでした。ただ見たものを光と闇との組み合わせとして意識していたのです。

道徳的な秩序に対しても、同じ見方をしていました。好意を寄せる人、善意のある人は、光の人、明るい人と感じ、信頼できない、利己的な人は、暗い人と感じました。いわば人間の道徳性をオーラとして見ていたのです。

もしも私たちが当時の人びとに、いわゆる「自然秩序」について語ったとしても、まったく理解されなかったでしょう。当時の光と影の世界の中には、私たちの考える自然秩序は存在していなかったのです。実際、当時の人びとにとっては、光の世界と影の世界だけがあったので、例えば音の世界においても、音のニュアンスを明るいと呼ぶか、もしくは暗い、陰があると呼ぶかしたのです。つまり、当時の人びとにとっての世界は、光と影の世界だったのです。

そしてその人たちにとってのこの明と暗は、精神的な力であると同時に、自然の力でもありました。精神力と自然力との間には、何の違いもなかったのです。自然必然性と人間の自由を区別することなど馬鹿げている、としか思えなかったでしょう。なぜなら、人間の恣意と自然の必然性の区別など存在しなかったのですから。すべては、霊的＝物質的統一の下で理解されていたのです。

あとで説明いたしますが、以上の原ペルシア文化期の宇宙観（世界観）の特徴を図で示すとすれば、ほぼこのような線で表現できると思います［図11］。これは宇宙の蛇であり、全体のシンボルです。そして同時に、人生観をも統一的に表現しているのです。

［図11］

第２後アトランティス文化期

約二千年にわたる人間のこのような魂の在りようを経たあとの人間の魂の在りようは、私たちがカルデアの世界観、エジプトの世界観、そして旧約聖書の中に名残りを留めている世界観の中にその余韻を感じとることのできるものとなって現れました。その現れたものは、現在の私たちの世界観に近いものでした。そのときの人間の表象の中には、一定の自然必然性のニュアンスが現れていました。とはいえ、この自然必然性は、こんにちの機械論的、もしくは生命的な自然秩序とは遠いものでした。自然事象と神の意志、神の摂理とは不可分なものだったのですから。

摂理と自然現象とはまだひとつでした。人間は自分が手を動かすとき、神的なものが自分の中で手を動かすように仕向けている、と感じていました。木の枝が風に揺れるとき、当時の人は、自分の手の動きと同じものをその風に揺れる木の枝に見ていました。自分のからだの動きと木の枝の動きの中に、同じ神的な力を、摂理として見ていたのです。

とはいえ、すでに外なる神と内なる神を区別していましたが、自然の中の神と人間の中の神とを一つの同じ（einheitlich）存在であると考えていました。そして当時の人びとは、外なる自然の中に働く摂理と内なる人間の中に働く摂理とが、人間の中で出会うのだ、と心得ていました。

この時代の人びとは、人間の呼吸の働きをこう感じていました。――木の枝が揺れるのは、外なる神の働きだ。私が呼吸するのは、内なる神の働きだ。私が空気を吸い、内部で加工し、そしてふたたび外に吐くとき、外なる神が内部に入り、そしてふたたび出ていく。――ですから、同じ神的な存在を外にも内にも感じとっていました。しかも一点において、外にあり、同時に内にあるのです。人はこう言いました。――「私は呼吸する存在であることによって、外なる自然の存在であると同時に、私自身でもあるのだ」。

原ペルシアの世界観（Ⅱ）と同じように、第三後アトランティス文化期（Ⅲ）をも図にして特徴づけるとすれば、こう描かなければならないでしょう［図12］。

この線は一方では外なる自然存在を描き、他方では人間存在を描いていますが、一点において、呼吸過程において、両者が交わっています。

皆さん、この図が第四文化期（Ⅳ）、ギリシア＝ラテン期になると、さらに変化します。外と内の対立、自然存在と人間存在の対立が極端になって現れます。そこでの人間は、自分が自然と対立しているのを感じ始めます。

今、人間が、ギリシア期においていかに感じ始めるのかを図に描くとすれば、こう描かねばなりません［図13］。一方では外なるものを感じ、他方では内なるものを感じますが、両者の間にもはや交叉する点がないのです。

人間が自然と共有していたこの交叉部分は、意識の外に留まっています。意識から抜け落ちているのです。インドのヨガ文化はそれをふたたび取り込もうとします。ですからインドのヨガ文化は、人類のそれまでの進化段階にアタヴィズム的に回帰しようとするのです。第二後アトランティス文化期において自然にかなった仕方で外と内を同時に感じとっていた呼吸の過程をふたたび意識の中に取り戻そ

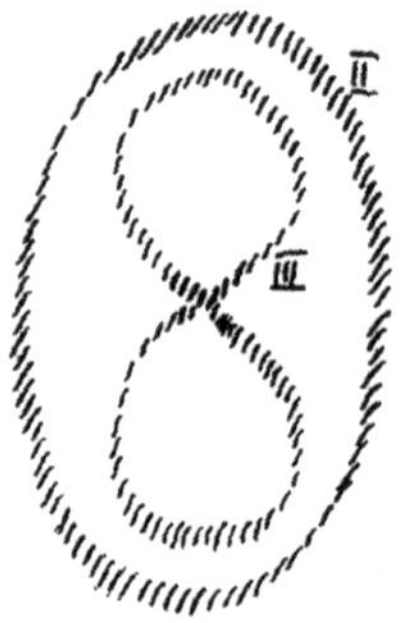

［図12］

［図13］

うとするのですから。

この第四後アトランティス文化期は、紀元前八世紀に始まります。そしてこの時期にあのインドのヨガの修行も始まりました。この修行は、以前特にインド文化に存在していたものを、しかしすでに失われてしまったものを、ふたたびアタヴィズム的に取り戻そうとするのです。

呼吸過程のこの意識は、すでに失われてしまったのです。「なぜインドのヨガ文化は、そのような意識をふたたび呼び戻そうとしたのか。そうすることで何が獲得できると思ったのか」。そう問うとしたら、こう答えなければなりません。「それによって獲得されるべきものとは、外なる世界を本当に理解することだったのだ」、と。

実際、皆さん、第三文化期に呼吸過程が理解されたことによって、それと同時に、外なるものとは何かを内的に理解したのです。

このことを私たちは今、別の途上で、ふたたび獲得しなければなりません。第四文化期は一四一三年に、または一五世紀の中葉に終りましたが、私たちはまだこの第四文化期の影響下にいます。その第四文化期は、人間の魂の在りようの中に二重性を示していました。私たちは私たちの頭部組織を通して、不完全な自然を見ています。「外界」と呼んでいるものを、です。そして私たちの内部組織、つまり頭部以外の人体組織を通して、私たち自身についても不完全な見方をしています。自然と人体組織との間にあるべき何かが、つまり世界経過であると同時に私たち自身の経過でもあるような何かが欠落しているのです。

　ですから今、私たちにとって大切なのは、失われてしまったものを意識的な仕方で、ふたたび獲得することなのです。言い換えれば、私たちは、人間の内部にあるもの、外界と内部とに同時に属しているもの、そして互いに作用し合っているものを、ふたたび把握しなければなりません。

　これこそが私たちの第五後アトランティス文化期（V）の課題でなければなりません［図14］。私たちが自分の中に見出すものの中に、同時に外なる経過が映し出されている、そういうものを人間の内部にふたたび見つけ出すことが、第五後文化期の課題でなければならないのです。

　私はこの重要な事実を、前にも『社会の未来』誌の最新号のエッセイで述べました。そのときにはもっぱら社会生活にとってのこの事実の意味を論じましたが、そのときにも人間が内面の中に同時に世界の経過をも見出さなければならない、とはっきり述べました。

　現代人である私たちの場合、ヨガ文化に戻ることで、そうすることはできません。時代が変わったのです。なぜなら皆さん、呼吸過程そのものが変わってしまったのですから。もちろんこんにち、証明してみせることはできませんが、人間の呼吸は、第三後アトランティス期以来、

［図13］

別のものになったのです。大雑把な言い方になってしまいますが、第三後アトランティス文化期の人間は、まだ魂を呼吸していました。今の人間は空気だけを呼吸しているのです。私たちの表象活動だけが唯物論的になったのではありません。現実そのものがみずからの魂を失ってしまったのです。

愛する皆さん、どうぞ、今言いましたことを安易に受けとらないで下さい。どうぞ考えて下さい。人類が今生きている現実は、変化してしまっているのです。私たちの呼吸する空気は、四千年前とは違うものになってしまっているのです。人類の意識だけが変化したのではないのです。そうではないのです。地球を取り巻く大気の中には、かつて魂があったのです。

空気は魂でした。こんにちの空気は、もはやそうではありません。もしくは、空気は別の種類の魂になったのです。昨日お話しした元素界の霊的本性たちは、ふたたび皆さんの中に入り込んできます。その本性たちを呼吸することならできます。ヨガの呼吸をするときにも、です。

三千年以前、正常な呼吸によって達成できた事柄を、人為的な仕方で取り戻すことはできないのです。人為的に取り戻せると思うのは、大きな幻想なのです。ひとつの事実として申し上げたいのですが、人間が体験することのできた空気のあの有情《うじょう》化は、もはやどこにも見られません。その代わりに、昨日お話しした反ミカエル的存在たちが空気の中に侵入し、そして空気を通して人間の中に侵入してくるのです。この存在たちは、このような仕方で、昨日言いましたように、人間に関与しています。この存在たちを駆逐するには、ヨガでは不十分なのです。もっと時代に見合った方法がなければならないのです。そのことをはっきり意識しておかなければなりません。そのためには、人間と外界との微妙な関係が、つまり私たちのエーテル体の働きが意識できるようにならなければなりません。

私たちは呼吸するとき、新鮮な酸素の空気を吸い、不必要な炭酸ガスを吐きます。そこには何か私たちの感覚知覚に似た経過があります。

愛する皆さん、考えてみて下さい。皆さんが何か、極端な場合、例えば焔《ほのお》を眺めるのです。何らかの焔を見つめます。そうすると、息を吸うのに似た、ただもっとはるかに精妙なことがらが生じます。それから眼をつぶって下さい。――同じようなことは、どんな感覚を用いても可能ですが――、眼をつぶると、焔の残像が浮かび、そして次第に形を変え、ゲーテが言うように、消えていきます。光の印象を受けとり、そして印象が消えていくこの過程には、本質的に、純生理的な過程以外に、人間のエーテル体が関与しています。そしてこの過程には、ある非常に、非常に重要なことが結びついているのです。すなわち、三千年以前に、空気と一緒に息を吸ったり、吐いたりした魂の要素がそこに結びついているのです。そして私たちは三千年前の人が呼吸の過程を見ていたのに似た仕方で、有情化を見ることを学ばなければならないのです。

皆さん、このことは、三千年前の人たちが体験した一種の「夜の文化」と関連があるのです。ヤハヴェは預言者の夜の夢を通して、みずからを表現しました。

しかし私たちは、宇宙との精妙な交流を生じさせなければなりません。その場合、宇宙を感覚的に知覚するだけでなく、霊的なものをも体験するのです。

私たちがどんな光、どんな音、どんな熱を知覚するときにも、そしてその知覚が消えるときにも、魂が宇宙と交流していることを知っていなければならないのです。この魂の交流は、私たちにとって、大事な体験にならなければなりません。私たちは自分に協力して、そういう体験ができるようにすることができるのです。

すでにお話ししたように、ゴルゴタの秘蹟は、第四後アトランティス文化期に生じました。第四後アトランティス期は正確に言うなら、前七四七年に始まり、一四一三年に終わります。この時期が三分の一経過した頃、ゴルゴタの秘蹟が生じました。しかし、人びとが始めにこのゴルゴタの秘蹟を理解したときの手段は、古い思考方法、古い文化の余韻によるものでした。ゴルゴタの秘蹟を理解するためのこの手段は、まったく新しい手段に変わらなければなりません。なぜなら、ゴルゴタの秘蹟を理解する古いやり方は、もう通用しなくなったからです。

この古いやり方は、もはやゴルゴタの秘蹟には対処しきれなくなっているのです。ゴルゴタの秘蹟を理解できるように思考を働かせようとする数多くの試みがなされました。しかし、どの試みもゴルゴタの秘蹟を理解するには十分ではありませんでした。

皆さん、外的、物質的に現れるどんなものごとにも、その霊的、魂的な側面があります。そして霊的、魂的に現れるどんなものごとにも、その外的、物質的な側面があるのです。

大気の魂が失われ、もはや魂のこもった空気を呼吸しなくなったことは、人類の進化の中に重要な霊的な結果を生じさせました。

実際、人間は、みずからと根源的に同質の魂を呼吸によって受け容れることで――旧約聖書の冒頭に「そして神は人間に生きた魂を吹き込まれた」とあるように――、人間は魂の要素を吸い込むことで、魂の先在（Praexistenz）を意識できたのです。つまり、誕生または受胎によって魂が肉体の中に降下する以前にも、魂が先在していたことを意識できたのです。そして、呼吸過程が魂の要素を失う度合いに応じて、人間は魂の先在を意識しなくなっていきました。そして、すでにアリストテレスがこの第四後アトランティス期に登場したときでさえ、人間の理解力で魂の先在を見通す可能性は、もはやありませんでした。どんな可能性もなくなっていたのです。

ですから、私たちは歴史的に注目すべき事実に向き合っているのです。すなわち、キリストの出来事という史上最大の出来事を理解するために、人類は今、ふさわしく成熟していなければならないのです。人類はまだ、太古の文化に由来する理解力の残滓でゴルゴタの秘蹟の栄光を捉えることはできます。けれどもこの理解力は失われ、そして教義がますますゴルゴタの秘蹟の理解から離れて行くのです。

教会は魂の先在を信じてはいけない、という立場に立っています。その理由は、魂の先在がゴルゴタの秘蹟と一致しないからなのではなく、空気と魂の分離によって、意識の力を、魂先在の意識の力を魂の中に取り込めなくなってしまったからなのです。頭の意識から魂の先在が消えてしまったのです。

私たちが私たちの感覚的知覚の有情化をふたたび持つようになるなら、私たちはふたたび交叉点をもつことでしょう。そしてこの交叉点において、この数日間に述べた第三の意識層から流れ出る人間意志を把握するようになるでしょう。

そのときの私たちは、ゲーテがあれほど求めていた「主観的＝客観的なるもの」を同時に手に入れるでしょう。そして、外界との関係における人間のこの感覚過程が本来どれほど注目に価するものであるかを精妙な仕方で把握する可能性を初めて持てるようになるでしょう。

外界が私たちに作用するだけであり、私たちはただその作用に反応するだけである、と思うのは、考え方としては粗雑すぎます。現実は、むしろ次のようでなければなりません。――外から内へと魂の過程が生じると、その過程が潜在意識の深みにある、内なる魂の過程によって把握されるのです。ですから、二つの過程が交叉するのです。外からは宇宙の思考内容が私たちの中に作用します。内からは人間意志が外に作用します。そして人間の意志と宇宙の思考内容とが、この交叉点において、ちょうど、かつて呼吸の中で客観的なものと主観的なものとが交叉したように、交叉し合うのです。

今、私たちは次のように感じとることを学ばなければなりません。――私たちの眼を通して、私たちの意志が作用します。そして実際に、感覚の能動性が、宇宙の思考内容と人間の意志とが交叉するときの受動性の中にそっと結びつくのです。

私たちはこの新しいヨガ意志を発達させなければなりません。そうすることによって、ちょうど三千年前に、呼吸過程の中で人間に伝えられたように、今ふたたび似た何かが私たちに伝えられるのです。私たちのこの在りようは、かつての時よりもはるかに魂的で霊的な在りようにならなければなりません。

皆さん、ゲーテの世界観はそのような在りようを求めていました。ゲーテはみずから「原現象」と呼んだ「純粋なる現象」を認識しようとしました。そのときのゲーテは、外界において人間に作用してくるものをただ集めて関連づけ、人間自身の頭に由来するルツィフェル的な思考内容が混入しないようにしたのです。

その思考内容は諸現象をただ集めて関連づけるためのものでした。ゲーテは自然法則を求めたのではなく、原現象を求めたのです。彼の場合、大切なのは原現象だったのです。この純粋現象、この原現象が分かってくると、外界を見ることで私たちの意志が活動することをも感じとれるようになるのです。そしてそのときの私たちは、ふたたび、例えば古代ヘブライの教えにもあるような、客観的＝主観的なるものを感じとれるようになるでしょう。

私たちは物質的なものと霊的なものとを対立するものとして語ることを学ぶだけであってはなりません。物質的なものと霊的なものとの相互作用を、まさに感覚体験の中で、統一したものとして認識しなければならないのです。

私たちの場合、自然を物質として見るのではなく、またグスタフ・テオドール・フェヒナー［一八〇一―八七年］のように自然の中に何か魂のようなものを空想するのでもなければ、三千年前にヤハヴェ文化が花開いたときとまったく同じことが現れることでしょう。私たちが自然の中に魂のようなものを感覚体験と共に受け取るようになるなら、キリストと外なる自然との結びつきが見出せるでしょう。そのときにはキリストと外なる自然との関係が一種の霊的な呼吸過程のように体験できるでしょう。

魂の先在は、私たちの魂のいとなみの根底を支える何かなのです。このことを洞察するようになればなるほど、それを当然のこととして洞察するようになるでしょう。

私たちはもっぱら死後の私たちの存在にとって必要不可欠な、それゆえエゴイスティックな「死後の魂の存在」（Postexistenz）という考え方を、「生前の魂の存在」（Praexistenz）の認識で補足するのでなければなりません。

私たちは「死後の魂」とは異なる仕方でも、魂の永生を知ることができるようにならなければなりません。そしてこれこそが、「ミカエル文化」と呼べるものの本質なのです。

何を見ても、何を聞いても、霊的なもの、魂的なものが少くとも私たちの中に流れ込んでくる。そして同時に私たちが魂的なものを宇宙の中に流し込んでいる。そのような思いをもって私たちがこの世を一歩一歩生きていくなら、未来の人類の必要とする意識が獲得できたのです。

ここでもう一度、焔のイメージの例に戻ろうと思います。皆さんは今、焔を見ているのです。皆さんは眼を閉じますと、残像が残り、そして消えていきます。このことは単なる主観的な過程だけなのでしょうか。こんにちの生理学者なら、そうだと答えるでしょう。でもそれは正しくない答えです。宇宙エーテルにとっては、客観的な過程なのです。ちょうど、空気の中に皆さんの呼吸が吐き出す炭酸ガスが、客観的な過程として実際に存在しているようにです。

皆さんが消えていく残像だと思っていらっしゃるイメージを、皆さんは宇宙エーテルに刻印づけているのです。

このことは主観的な経過であるだけでなく、客観的な経過でもあるのです。皆さん、この場合、皆さんは客観的な体験をしているのです。皆さんの内部で演じられている何かは、精妙な仕方で、同時に宇宙経過なのです。皆さんが意識的になりさえすれば、このことを認識する可能性があるのです。――私は焔を見、眼を閉じて、その焔の残像が消えていくにまかせます。（皆さんが眼を開けると、残像は消えています。ただそのときの皆さんは、もうそんなことに気を留めてはいません。）そのときの経過は、私の身に生じたことだけではないのです。その経過は、宇宙に生じた何かなのです。

しかしこのことは、焔だけにあてはまることではありません。私が誰かに出会い、そして、こう思うとします。――「この人はこんなことを語ったが、本当のことかどうかは分からない」。私がそう思うことは、私の内部でのひとつの評価であり、ひとつの道徳的もしくは知的な行為です。その思いは、焔と同じように消えていきます。しかし、その思いは客観的な宇宙の経過でもあるのです。

皆さんが隣にいる誰かのことを善《よ》く思うとします。その思いは消えていきます。でも宇宙エーテルの中での客観的経過になっています。皆さんが悪く思うときも、その思いは客観的な経過になって消えていくのです。皆さんが皆さんの個室の中にいて、世の中のことを感じたり、判断したりするとしても、その思いを皆さんの個室の中に閉じこめておくわけにはいきません。一見したところ、皆さんは自分の思いを自分だけのことにしています。けれども、その思いは同時に客観的な宇宙経過なのです。

意識のこの変化こそ、現在の人間の通常のやり方よりも、もっと強力な仕方で、私たちの魂の気分の中に生じさせる必要があるのです。ミカエル文化の導入とは、このことをいうのです。この意識の変化を徹底させることを、です。

西暦紀元前二千年、三千年の頃の人びとにとって、空気を有情なものと考えるのは当然のことでした。私たちの場合、光を感覚的知覚の代表とするなら、光を有情なものと考えるように心を切り替えることができなければなりません。唯物論の時代に当然だと思っている見方で光を見るのを根本的にやめなければなりません。私たちはこんにちの物理学や一般の意識が語っているあの振動だけが太陽から放射してくる、と信じ込むのをやめなければなりません。私たちは、魂が光の翼に乗って宇宙空間を通ってやってくるのだ、と分かっていなければなりません。そして同時に私たちは、私たちの時代に先行する時代においては、そうではなかったこともよく分かっていなければなりません。

私たちの時代に先行する時代においては、今、光を通して私たちのところにやってくるものが、空気を通して人びとのところへやってきたのです。皆さん、このことは地球の進化における客観的な違いなのです。おおまかに言えば、空気の魂の過程と光の魂の過程があるのです[図15]。このことを私たちは地球の進化の中に見てとることができるのです。そして、その一方から他方への移行のまっ只中に、ゴルゴタの秘蹟が起こったのです。

愛する皆さん、現在と未来の人類は、抽象的に霊的な問題をあげつらったり、曖昧な汎神論のようなものに陥ったりしていてはなりません。大切なのは、なんらかの物質上の経過をただ物質上の経過として受けとるだけでなく、そこに魂の息吹きをも認めるようになることなのです。

大切なのは、次のように言えるように学ぶことなのです。――「ゴルゴタの秘蹟以前の地球の大気には、人間の魂の働きに似た魂の働きが存在していた。現在の地球の大気には、人間の魂と同類の魂が欠けてしまった。だから、朝から晩まで私たちを取り巻いている光の中に、以前、空気の中に存在していたのと同じ魂の働きが取り入れられたのだ」。

キリストが地球と結びついたことが、このことを可能にしてくれたのです。ですから地球の進化の過程で、空気も光も、霊的＝魂的に、何か違ったものになったのです。

愛する皆さん、人類進化のこれまでの数千年間の空気と光とを、同じ仕方で、もっぱら物質的に記述するとしたら、その記述は子どもじみた記述でしかありません。

空気と光は、内的に違ったものになったのです。私たちは、かつて

[図15]

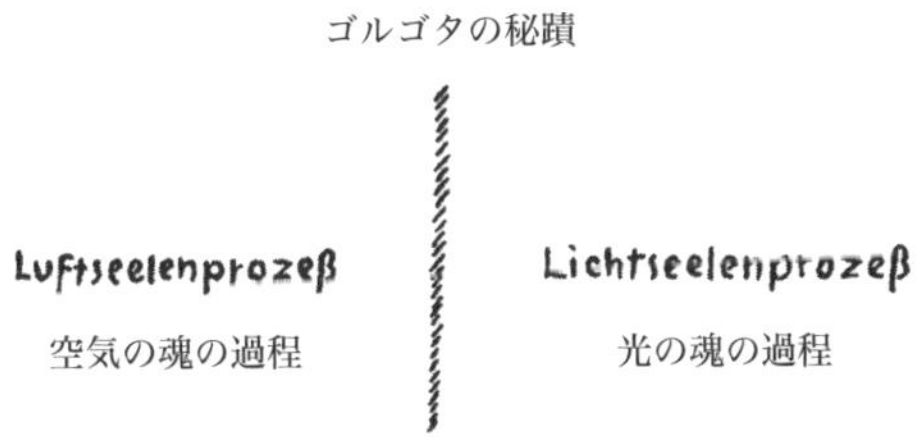

の宇宙紀における時とは違った大気、違った光の世界の中で生きているのです。大切なのは、外的、物質的なものを霊的＝魂的なものとして認識するようになることなのです。一方でいつものように純物質的存在について語りながら、まるで飾りのように「けれどもこの物質の中のいたるところに霊の働きもある」、と付け加えるとしたら、それは本当の霊学にはなりません。

皆さん、この点でこんにちの人びとは、まったく奇妙なことに、ひたすら抽象的な世界に引きこもっているのです。そうしたいのです。けれども今必要なのは、将来にわたって、抽象的な仕方で物質的なものと霊的なものを区別することなのではなく、物質的なものそのものの中に霊的なものを求めることなのです。物質的なものを同時に霊的なものとして述べることができる、ということなのです。そして霊的なものの中に物質的なものへの移行を認識し、物質的なものの中に霊的な作用の仕方を認識することなのです。そうできたとき初めて、私たちは人間そのものをも認識できるようになるのです。

「血はまったく特別のジュース」なのです。でも、こんにちの生理学が語る血は、まったく特別のジュースではなく、まさにそのジュースは、誰もが他の素材と同じ仕方でその化学成分を分析できるような、特別であるとはいえない化合物でしかないのです。

けれども、空気と光のメタモルフォーゼを魂的なものとして正しく洞察できる出発点を獲得できたなら、私たちは次第に人間そのものをも、その個々の分節を含めて、霊的＝魂的に把握できるようになるでしょう。そのときは抽象的な素材と抽象的な精神をもつのではなく、相互に作用し合う霊と魂と体をもつでしょう。そして、それこそがミカエル文化なのです。

これは時代の要求なのです。これこそ、現代という時代を理解しようとする人びとが、魂のあらゆる部分を総動員して、把握しなければならない事柄なのです。しかし、何か常ならぬ事柄を世界観の中に取り込まなければならなくなったとき、昔からいつでも反対勢力に妨害されてきました。

私はこれまで何度か同じつまらぬ例をあげて説明してきました。一八三七年（ですからまだ百年は経っていないのですが）、バイエルンで始めて、フュルトからニュルンベルクまで鉄道を敷設しようとしたとき、学識経験者より成るバイエルンの評議会が、鉄道の敷設は健康上問題ないものなのかどうか、意見を求められたことがありました。その医学評議会は、これは文書に残されていて、決して作り話などではないのですが、こう回答したというのです。――鉄道の敷設には反対である。なぜならそのような仕方で地上を移動する人たちは、神経過敏になってしまうであろうから。しかし、それでも鉄道を利用したいと望む人がいるのであれば、線路沿いにいる人たちが脳震盪を起こさないように、線路の両側に高い板壁を設けるべきである。

愛する皆さん、この例から二つのことが分かります。一つは、人がどういう判断をするのかです。そしてもう一つは、人類文明の進歩についてです。こんにちなら、一八三七年にバイエルンの医学評議会がくだした回答に微苦笑《びくしょう》を浮かべるだけで済ませられます。けれども皆さん、簡単に笑って済ませるわけにはいきません。こんにち、同じようなことが起こったら、また私たちは同じような回答をするでしょうから。

実際、バイエルン医学評議会は一〇〇パーセント間違っていたとは言えません。こんにちの人類の神経状態を二〇〇年前の人類の神経状態と較べたなら、明らかに人びとはますます神経質になってきています。多分、医学評議会の回答は大げさすぎるかもしれませんが、人びとは神経質になってきているのです。

一方、人類の進歩発展に関しては、そんなことを言ってはいられません。こんにちの人類の意志衝動は、地球の進化の過程に介入して、もはや後戻りできないところにまで来ているのですから。

現在でも人びとの便利さへの欲求に逆らうような現象が、時折、人間の文化の進歩に介入しようとしています。なぜなら、人類文化の発展にとっての義務は、生活の便利さ、よりよい便利さを追求することではなく、現実を客観的に見極めることでなければならないはずなのですから。

今日、この連続講義の終りに、このようなことを申し上げるのは——今、あらゆる方向で感じとれることなのですが——、人智学的な認識行為とさまざまな宗派との間で一種の戦いが、ますます烈しくなろうとしているからなのです。

さまざまな宗派は、旧態依然とした伝統に留まり続けようとして、ゴルゴタの秘蹟の新しい認識には心を向けようとしません。そういう諸宗派は、すでに始まっているこの戦いをますます激しいものにしようとしています。愛する皆さん、もしも私たちがこの戦いが始まっていることに気づこうとしないとしたら、とても、とても無思慮なことと言わなければなりません。

みなさん、決して私は、そういう戦いを求めてはいません。特にカトリック教会と争おうとは思っていません。この戦いは、それとは別のところから烈しく挑まれています。こんにちの諸宗派の歴史的に深い伝統に根ざした衝動を尊重している者は、伝統と対決しようなどとは思わないでしょう。

しかし戦いが挑まれる以上は、逃げるわけにはいきません。こんにちの聖職者の多くは、いま時代が必要としている霊学的なものがなんらかの仕方で世に現れるのを、好ましいことだとは思っていないのです。

今後もこの戦いは続くでしょう。最近も私はある記事を皆さんの前で読み上げさせていただきましたが、本来、すごくグロテスクなことなのですが、人智学の立場に立つ霊学のことは、私に敵対する文献で学ぶべきである、というのです。なぜなら私の書いた書物は、カトリック教徒の場合、教皇によって禁書にされているから、というのです。愛する皆さん、このことは、笑って済ませられることではありません。深刻な問題です。こういう仕方で現れる戦いは、こういう判断を世に広めることができるのです。こういう戦いを甘く見てはいけません。

特にこういう戦いにはとても関わる気がしないと思えたときにこそ、深刻に向き合わなければなりません。なぜなら皆さん、愛する皆さん、カトリック教会を例に挙げてみます。福音教会（プロテスタント教会）でも同じことなのですが、ただカトリック教会のほうがはるかに強力なのです。カトリック教会では、二つの側面が区別できます。古くからの尊い諸制度を考えて下さい。例えば、ただミサのための司祭服のこと、一つひとつの司祭の行為のことだけでも、太古からの尊い制度に出会えます。そこには、キリスト教よりも古い制度が伝えられているのです。ミサ聖祭はキリスト教的に変えられた最古の秘儀文化なのですから。そういう文化に守られて、こういう戦いの手段を行使するこんにちの司祭たちがいるのです。

この上なく深い敬意を聖祭、その象徴のために捧げる一方で、何という不十分な手段で現在の事情を擁護し、人類の進化のために役立とうとする働きを攻撃しようとするのでしょうか。そのことに気がつけば、こういう事柄に真剣に向き合うことがどんなに必要なことか、分かっていただけると思います。本当に、今述べたことは、研究し、関与せざるをえない事柄なのです。

このことは、今まだ始まったばかりです。ですから眼を閉じて、眠っていてはなりません。

しっかり眼を見開いて、本質を認識して下さい。

皆さん、私たちはすでに二〇年にもわたって、中部ヨーロッパの中で、人智学運動を行ってまいりました。けれども、セクト的な寝惚《ねぼ》けた態度を、私たち自身のグループの中で、なかなか克服することができずに来ました。そしてそういう態度は、人智学運動に関与している人たちの心情の深くに、まだ潜んでいるのです。

けれども、寝惚けたセクト主義をやっていられた時代は、終ったのです。人智学運動の世界史的意味を本当にしっかりと心に刻み込んで、小さなことにくよくよするのはやめて、けれどもどんな小さな衝動でも真剣にしっかりと受けとめるのでなければなりません。私はこの場所で何度も強調してまいりましたが、このことは、深い真実なのです。

共同体を人智学的に形成するために

全 二 講

シュトゥットガルトにて

1923年 2 月27日・28日

Anthroposophische Gemeinschaftsbildung

第一講

一九二三年二月二七日

今日、皆さんの前でお話しする私の気持ちは、これまでと同じではありません。一九二二年大晦日から一九二三年元旦にかけての夜以来、私の心は燃えるゲーテアヌムの身の毛もよだつ光景から離れられずにいます。人智学に関わることでこのゲーテアヌムを愛してきた私たちにとって、悲しみがあまりに辛く、あまりに大きくて、とても言葉にはならないのです。たぶん、私たち人智学運動のような、霊的なものをめざす運動なら、その運動の外的な建造物に執着しなくてもいいのではないか、と思うことのほうが正しいように思われるかもしれません。でも失われた私たちのゲーテアヌムの場合、そうとばかりは言い切れないものがあるのです。

ゲーテアヌムは私たち人智学の運動にとって、単なる外側の建造物ではありませんでした。ほとんど一〇年に及ぶ建築作業中、何度も申し上げてきたように、私たちの人智学運動の場合、ほかの似たような場合、つまり精神運動または他の運動のための施設を造る場合のようではありえなかったのです。何度も申し上げてきたように、私たちの精神運動は、献身的な人びとに支えられてその規模を大きくしていったので、従来のあれこれの建築様式で自分たちのセンターを造ろうとするときと、同じようなわけにはいかなかったのです。

人智学の立っている精神的な地盤は、特定の仕方で行う、なんらかの宗教運動、学術運動もしくは芸術運動のためではなく、ひとつの包括的な運動のためにあるのです。その運動は人類のもっとも大切な理想の諸側面、つまり宗教的＝道徳的な理想と芸術的な理想と認識上の理想との方向で活動しようとするひとつの包括的な運動なのです。ですから、人智学運動のために既存の適当な様式で建物を造ろうとするわけにはいかなかったのです。この建物は、人智学の認識運動のために霊的直観によって人智学的諸理念が形成されるときと同じ源泉から、芸術的に建造されなければなりませんでした。

ほとんど一〇年にわたって、私と共に多くの友人たちは、建築上、彫塑上のどんなひとつの線のためにも、どんな外的形成のためにも、どんな彩色のためにも、人智学的直観、人智学的生命、人智学的意志の源泉から生じるものが、眼に見える形で具象されるように求め続けてきました。どの運筆にも、どの彫塑形式にも、どの色彩にも、この直観、この生命が込められていました。

そしてこの建物は、人智学運動内の認識の側面や芸術の側面で活動しようとしてきた人たちと密接に結びついていました。例えば、ドルナハ・ゲーテアヌム建築におけるオイリュトミー公演を見た友人たちは、内部建築から、そして観客空間と舞台空間の内部造形からオイリュトミーの動きに応《こた》えているすべてが、その動きとこの上なく内密に調和している、という印象を持ってくれたと思います。

演台に立ち、心を込めて、人智学の精神を語ったとき、どの線の動きも、どの形の動きもその語り手に向き合い、共に語ってくれました。そのような環境づくりが意図されたのです。たしかにまだ始めたばかりの試みだったかもしれませんが、その私たちの試みは実行され、共感をもって迎えられました。だからこそ、このドルナハ・ゲーテアヌムのための仕事を一緒にやってくれた人は、この仕事のために捧げた自分の思いが大晦日の夜に燃え上がった焔によって一緒に焼き尽くされてしまった、と思っています。

ゲーテアヌムの諸形態は、なんらかの思考、説明、解釈では代用できない直観からの、そしてその直観のための芸術表現なのです。そのようなゲーテアヌムの造形的諸形態と人智学の感情、意志との内密な共存を思うと、ゲーテアヌムを失ったことの痛みは、どうしようもなく深いのです。

けれどもこのことは、記憶として深く私たちの心の中に収めなければなりません。ゲーテアヌムを愛してくれた人びと、この内なる共感を感じとってくれた人びとなら持つことのできる記憶としてです。私たちは共有した体験を、ひとつの記憶として私たちの心の中に打ち立てなければなりません。

私たちは今述べた深い傷と共に、私たちのホームを失ってしまいましたが、その分ますます集中して、私たちの失ってしまったものの代わりに、心の中に精神のホームを求めなければなりません。私たちはあらゆる手段を用いて、私たちの心の中に、永遠のために、この建物を、外的な芸術感覚のためには失われてしまったこの建物を打ち建てるように、あらゆる手段を使って努めなければなりません。

とはいえ、人智学の分野でこれから行われるべきすべての背後には、この恐ろしい焔が燃え上っているのです。一二月三一日から一月一日への真夜中にすべての火の手を集めて燃え上がったあの恐ろしい焔が、です。私たちがこの現代に果たそうと努めてきた大量の仕事が、たとえ生きた霊的な人智学としてではないとしても、焼き尽くされてしまったのです。

この体験が私たちの人智学の友人たちの心の中にしっかりと根を下ろしているなら、苦しみから、悲しみから、これからの人智学の仕事のために必要な力がふたたび与えられるであろうと信じています。

人生とはそういうものなのです。私たちが一緒に同じ不幸を受けとめたと言い合えたとき、そのことは共同で役に立つ行為を行うための強い力を生じさせてくれるのです。実際、人智学の仕事に従事しようと思うときのエネルギーは、灰色の理論や抽象的な思想からではなく、体験から生じるのです。

愛する友人たち、今日からの二日間のために私が選んだテーマである「人智学的共同体形成の諸条件」を述べるために、以上のことをあらかじめ申し上げさせていただきました。以上のことを申し上げようと思ったのは、そのことが私たちの心に深く刻み込まれているからだけではなく、そのことがこの数日の間に私たちの魂の眼の前に提示しようとする諸事実を示唆しているからでもあるのです。

ゲーテアヌムの中には、多くの犠牲的精神、本当に帰依《きえ》の心による作業が流れ込んでいました。そして、そういう犠牲的精神、帰依の心にあふれた作業の元にある衝動は、人智学を始めてからこんにちまでの二〇年間、そのいたるところに現れていました。人智学に感動した人びとの心の中には、そういう衝動が生きていました。ゲーテアヌムは人智学を志す人びととの共同体のひとつの行為、ひとつの現れだったのです。

人智学協会をいかに再生するか、こんにち実にさまざまな地下《アンダーグラウンド》からこの問題が考えられ、論じられています。そういう状況になってしまっています。けれどもその一方で、忘れてならないのは、人智学協会が二〇年にわたる長い生命を持ち、その間いつでも多くの人びとが一緒に活動を共にし、いろいろな運命を共に体験してきた、という現実です。つまり、人智学協会はこんにち新しく設立できたようなものではないのです。歴史を、現実の歴史、体験されてきた歴史を打ち消すようなことがあってはなりません。二〇年前に始めた事柄を、こんにち新たに始めたりはできないのです。

　私たちが今、ここに集まって話し合いをしようとするとき、この種の誤解が入り込まないように注意しなければなりません。時の流れの中で人智学協会に参加するようになった人は、きっといろいろなことに納得できずにいるはずです。しかも正当な理由からです。ですから当をえた、大事な言葉がこの場で語られたとしても、どうぞ忘れないで下さい。人智学協会はこれまでも活動を続けてきたのです。そして当然のことですが、この人智学協会には、今日、大事な、重い内容をもった、とても生き苦しい、悲しい、つらい言葉を口にすることのできる人たちが、大勢いらっしゃるのです。「みんな知っているよね。私たちのゲーテアヌムは何もかも焼けてしまったんだよ」と言える人たちが、です。

　一九一七年に、またはもっとあとで協会に加入された人と、長い間の、この上なく深刻な内的体験から今日、自分たちにそう語りかけることのできる人とでは、やはり違うのです。本来、私たちの話し合いは、この事実の下にあるのでなければなりません。けれどもその場合には、ここにいらっしゃる友人たちの同じように正当な基盤から発言される思いが、しかも重要な意味をもった思いが消えてしまうでしょう。次のような発言は正当なものだ、と私は受けとりました。――「私が今回の集まりで聴いた事柄はあまりに重いので、今後はもはや、人智学について、まだまったく幻想に耽っていたときと同じ仕方では、語れなくなってしまった」。二〇年間、人智学徒として生きてきた人たちは体験を共にしてきました。最近のこの事件まで、苦悩を共にしてきたのです。この苦悩が人智学協会における長い在り方の締めくくりだったのだ、と考えて下されば、今私たちがこの集まりで感じている心配事を無視するわけにいかない、と思って下さるのではないでしょうか。

この心配事は無視できないのです。ここでの事情が、現状よりもはるかに悪化したとしても、このことに変わりはありません。

私たちが表面的なことにこだわって、より深い問題を忘れてしまってもいいのでしょうか。人間の心の奥深くから生じた霊的な運動の中にあって、そんなことは許されません。人智学運動として世に現れたものは、日の光のささないところにいるのではありません。でも、太陽も暗くなります。人智学にふさわしい器《うつわ》であろうとしている私たちの人智学協会の内部でも、いろいろな問題が生じるのを防ぐことはできません。でも、私たちが必要としているのは、思いなのです。その思いの下でのみ、事柄が為されるべきなのです。

もちろん今、問題のすべてに言及することはできません。今、お話ししなければならない事柄は、この二回の講義の中で可能な限り取り上げるつもりですが、もちろん何もかもお話しする余裕はありません。けれども、私は特に二つのことを取り上げたいのです。すなわち、第一に人智学協会内で、共同体の形成が緊急に必要とされていることについて、第二に、この人智学協会の中で、非常に評価されるべき「青年運動」を通して生じている徴候についてです。

人智学の地盤では、いろいろなことが、他のところとは異なる仕方で取り上げられなければなりません。もしも私たちが、こんにちの社会に見られるのとは違う仕方で事柄を見ることができないとしたら、多くの人に期待されているこの地盤に立っているとは言えません。

問題は共同体の形成です！　私たちのこの現代において、共同体形成の理想が現れているのは、この上なく注目に値することです。こんにち私たちの間では、共同体形成の理想が、つまり共に働き合いたいという衝動をもった人間関係の理想が本能的といってもいいくらいの、魂の深い感情から生じています。

少し前、牧師になろうとしている若い神学者のグループが、私をたずねて来てくれました。そのとき、この人たちの中に宗教を刷新したいという衝動が特に見てとれました。この人たちはキリストの力に本当に衝き動かされた革新運動を求めていたのです。現代の多くの人たちは、伝統的な宗教信条からは得られないような何かを求めています。この人たちは、その願いに応えたいと望んでいました。

私は新しいこの宗教の流れにとって特に大切だと思えることをお話ししなければ、と思い、それで次のように語りました。――「大切なのは共同体をどう形成するかです。宗教活動、牧師活動をするのであれば、人と人を結びつけるための共同体の形成を求めなければなりません」。

私をたずねてきてくれたこの友人たちに、さらに次のような言葉を続けました。――「宗教の地盤の上で共同体を形成するために働こうとするのでしたら、抽象的な言葉ではだめです。通常の意味での説教でも、こんにちまでさまざまな形で伝えられてきた不十分な礼拝式でもだめです」。

主知主義的な傾向が宗教の分野においてもますます強まっていますので、こんにちの説教師のかなりの数の人たちが合理主義的、主知主義的要素に侵されています。そのような影響の結果、人びとは結び合うどころか、反対に孤立化していきます。人びとの社会共同体は細分化していくしかないのです。合理的なもの、知的なものを受け容れることができるのは、一人ひとりの個性だけなのですから。

個人としての進歩過程が一定の段階に達したときには、他の人びとと結びつくことなしに、主知的な要素を獲得することで、自分の中のその要素をますます深めていくことができます。私たちは孤独な中で思考し、推理力を磨《みが》くのです。このことは独りでやればやるほど、ますます完全にやれる、とさえ言えるでしょう。だから純粋に論理的な思考に打ち込むときには、世間からできるだけ引きこもり、社会から離れていたいと思ってしまいます。

でも人間はそもそも、そのような孤独のために生まれてきたのではありません。人間の心の奥では共同生活を求めているのです。そのことを知的にではなく、生きいきと心に思い浮かべようとしますと、いま私たちが意識魂を育成する過程を生きていること、つまり私たちの人生をますます意識的に生きていかなければならないことと、そのこととが無関係でないことに気がつきます。

意識的に生きるとは、より知的になる、ということではないのです。もはや本能的な体験に留まってはいられないということなのです。とはいえ、まさに人智学の地盤において意識的な明瞭さにまでもっていかなければならないのは、根元的な生活なのです。つまり素朴な知覚、素朴な感性と同じような在り方をしているものなのです。

人間生活の中には、共同体の要素があります。この要素が、地球全体の中で人間生活は共同体の上に成り立っていることを、あらゆる人に告げています。その共同体は、こんにちの文化生活、政治生活、経済生活のあらゆる分野において、そのいたるところで、たいていは非常に有害な仕方で利用されています。しかし、私たちは誰でも、この共同体の要素を学んでいます。どんな素朴な生活においてでも、です。

幼児は、生まれてから数年の間、ひとつの人間共同体の中に包まれています。現実の、具体的な共同体であって、この共同体なしでは生きていけません。言語という共同体です。言語は、この世に生まれた私たちの魂の前に、ひとつの共同体形式を提示してくれているのです。言語、母国語は、誕生と共に、すでに人間の全存在を包み込み、それによって最初の共同体形成が始まるのです。

こんにち私たちは民族言語を政治的に、扇動的な仕方で感じたり、民族の特性を言語を通して感じたりはするのですが、言語霊と結びついた魂の内奥の在りよう、言語の巨大な運命価値、カルマ価値を共同体を求める人間の本能的な叫びなのだとは感じていません。このことは私たちの合理主義的な時代の罪である、としか言いようがありません。

私たちが同じ響きで挨拶の言葉を交わすことで、同じ魂を共有しようとはしないで、ただ黙《だま》ってすれ違うだけだとしたら、そんな私たちとは何ものなのでしょうか。

一人ひとりが少しだけ自己認識を心掛けて下されば、私が今ここでは、時間が足りませんので、十分お話しすることのできないことを、つまり私たちの最初の人間共同体の形成がどれほど言語のおかげで可能になっているかを、はっきり見てとることができるでしょう。

しかし、言語のように表面に現れることはありませんが、言語よりももっと深い別の働きがあります。言語はいわば外的なレヴェルで、人びとを共同体生活に結びつけます。しかし、魂の内密な世界へ深く入って行くことを可能にはしていません。この世の生活の中で、言語とは違う仕方で、共同体を形成してくれるものがほかにあるのです。言語を超えていくものが、です。

例えば、子どもの頃よく知っていた人たちに、後年になって運命が再会させてくれたときのことを考えてみて下さい。私たちが運命によって三人、四人、五人の幼なじみに、後年、たぶん四〇代、五〇代になって再会した、とします。この幼なじみたちとは、一〇代、二〇代、三〇代には別れ別れになっていました。かつては良き関係を、とても心に残る貴重な関係を、愛情に充ちた関係をもっていたのです。そういう再会がもてたときの、そして子どもの頃の共通の思い出を共有し合えたときの自分を考えてみて下さい。

思い出は言語のレヴェルでのすべてよりももっと心の深いところに根ざしています。もしくは、思い出という魂の純粋な言語が人と人とを結びつけるとき、魂は共鳴し合います。たとえその共同体が一時的なものであったとしてもです。

こういう体験をした人なら分かっていただけるでしょうが、私たちの心の中に喚《よ》び起こされたあの深い思い、内密な思いは、思い出すことのできる一つひとつの場面や情景だけによるのではありません。何か全然違うものなのです。一つひとつの思い出の具体的な内容ではないのです。再会を果たしたみんなの中には、まったく不特定の、といってもはっきりした共同体的な体験があるのです。この体験は、かつて共有した数限りない個々の出来事の復活ではありますが、ひとつの全体に融け合っています。それは他の人の魂と思い出を共有することであると共に、ひとつの全体体験を喚び起こしてくれる何かでもあるのです。

　以上は地上生活に関することでしたが、あの神学者たちが私をたずねて来てくれたとき、この魂の次元での事実を霊的な問題にまで辿りながら、私はこういう話をしました。――「宗教を改新するための働きの中で、本当に共同体を形成しようとするのなら、現代人の心にかなった礼拝が必要です。礼拝を共同で体験することは、人間の魂の中に自分自身の本性に由来する共同体感情を喚び起こしてくれます」。

　宗教改新運動の方々はそのことを理解してくれました。そして、そのような礼拝を受け取ってくれました。あの当時、リッテルマイヤー博士［キリスト者共同体の創始者―訳者］が述べた言葉は、このこととの関連で重要な言葉だったと思います。彼はこう述べたのです。――「共同体形成のこの側《がわ》から、おそらく人智学運動にとっての最大の危険のひとつが、宗教改新のための運動の側から、生じることになってしまいますね」。

　実際、この礼拝の中には、共同体形成の非常に重要な要素が含まれています。礼拝は人と人とを結びつけてくれます。この礼拝の場合、何が人と人とを結びつけ、何が主知主義的、論理的なものによってばらばらにされてしまった一人ひとりからふたたび会衆を生じさせるのでしょうか。何が本当に、会衆を生じさせるのでしょうか。

リッテルマイヤー博士ははっきりと、「そこには共同体形成のための手段が存在するから」と言われました。しかし、人智学協会も共同体形成を目指しているのですから、宗教改新運動による危険に脅かされないために、自分らしい手段を見つけなければなりません。

さて、礼拝、特に宗教改新運動がこの目的のために見出したような礼拝が本質的に、共同体を生じさせるとしたら、その秘密はどこにあるのでしょうか。儀式としてであれ、言葉としてであれ、礼拝式の中に示されるものは、現実体験の模像です。もちろんその現実は、地上で生じた現実のことではなく、生まれる以前の人間が辿った世界の現実のことです。人間が死から新しい誕生までの道の後半を辿るときの現実です。その現実は、死後の生活の「真夜中」から地上の生活に降りてくるときまで続きます。そのときの人間が辿る領域には、世界があり、出来事があり、さまざまな本性たちがいます。それらが真の礼拝形式の中で、現実の模像となって現れているのです。

この礼拝を別の人たちと一緒に体験するとき、何が感じとれるのでしょうか。私たちは別の人たちとなんらかのカルマを共有しています。そしてカルマは、とても入り組んでいますので、人と出会うどんなときでも、カルマを前提にすることができます。私たちはどんな人とも生まれる以前の生活の共通の思い出を共有しているのです。その思い出は、魂の深層から浮かんできます。私たちは地上に降りてくる以前に、ひとつの世界を一緒に辿ってきたのです。その世界が礼拝となって今、地上に現れています。

礼拝は、強い結びつきなのです。礼拝は超感覚的世界の像だけでなく、超感覚的な力をも、感覚世界の中に実際に取り込むのです。礼拝は人間と密接に結びついた諸力を超感覚的世界から感覚世界へ取り込み、そしてその諸力は人間の魂の背後のもっとも内密な働きと結びつきます。その結びつきが生じるのは、霊界の力を礼拝が霊界から持ち込んでくるからです。霊界を忘れさせる合理主義の言葉の中にも、魂の無意識の深層の中にも、この結びつきは見出せません。それが見出せるのは、単なる象徴、単なる死せるイメージではなく、生きたイメージ、力の担い手であるイメージの中においてです。この力の担い手は、人間が肉体の中にいないとき、人間の霊的環境になってくれています。

霊的なものを志向するみんなにとっての共通の思い出、これこそが共同体を形成する礼拝の力なのです。

人智学協会もそのような力を必要としています。共同体という本質を自分の中に生じさせるためにです。しかし、人智学運動における共同体形成の根拠は、宗教改新運動の場合とは違った種類のものです。とはいえ、一方が他方を排除するわけではありません。両者の関係は、正しく感じとられるなら、この上なく美しく調和しています。とはいえ、共同体形成の別の要素が人間生活の中に働きかけてくることも、理解できなければなりません。

霊的なものに置き換えられた思い出は、礼拝形式から私たちに輝きかけてきます。礼拝形式は人間知性よりももっと深いところに語りかけてきます。礼拝形式は人間の心情に語りかけます。なぜなら人間の心情は、基本的に霊的なものの言語を理解していますから。この地上生活の場合、霊的なものの言語が意識に直接受けとられることはないとしてもです。

人智学協会の中でそれに見合った役割を演じている別の要素を理解するためには、共同体形成の本質として、言語と思い出の秘密に眼を向けることが大切であるだけでなく、人間生活における別の事柄にも眼を向けなければなりません。

皆さん、はじめに、夢見る人の状態を日常生活における完全に目覚めた人の状態と比較してみて下さい。夢の世界は、それがどれほど壮麗であり、美しいイメージに満ちた、意味深いものであったとしても、それはこの世に生きる人間を孤立させる世界です。人間は夢の世界の中では、常に一人なのです。そこでの私たちは、横たわり、眠り、夢見ています。そして、その周囲では人びとも同様に眠っていたり、あるいは目覚めて働いていたりします。そして、私たちの夢とは何の関わりも持っていません。夢の世界、眠りの世界にいる私たちは孤立しています。

私たちは目覚めますと、特定の共同体生活の中に入っていきます。私たちのいる部屋には他の人びともおり、その部屋の知覚、表象を他の人びとと共有しています。私たちが環境に目覚めるとき、他の人びとと同じ内なる魂の営みの中に入っていきます。夢の孤立状態から目覚めることによって、私たちはある程度まで社会共同体の中に目覚めることができます。そして、たとえそれがどれほど壮麗で有意義な夢であったとしても、夢の世界に閉じこもることをやめます。

　けれども私たちは、どのようにして目覚めるのでしょうか。光に、音に、熱に、その他の感覚世界の内容に、そしてまた、他の人びとの外側に、他の人びとの体的自然的側面に目覚めるのです。日常生活のために私たちは、このようにして、周囲の自然界に目覚めます。周囲の自然界が私たちを目覚めさせ、私たちを孤立状態から特定の共同体生活の中へ移すのです。

　しかしその場合、私たちは人間として、まだ人間に、人間の深い内部に目覚めてはいません。私たちは光に目覚め、音に目覚め、他の人びとが語りかける言葉に目覚めます。その言葉も人間の外的自然的なものに属します。私たちは誰かが内から外へ向けて語る言葉に目覚めますが、誰かの魂の深みの中で生じているものに目覚めるのではありません。他の人びとの自然的なものに目覚め、通常の日常生活の中で目覚めますが、他の人びとの霊的魂的なものに目覚めるのではありません。

　他の人びとの霊的、魂的なものにおける目覚めが第三の目覚めです。少なくとも魂の生活の第三状態です。自然の呼び声を通して第一の状態から第二の状態へ目覚めます。第二の状態から第三の状態へは、他の人における霊的、魂的なものの呼び声によって目覚めるのです。しかしそのためには、この呼び声が聞こえなければなりません。通常の目覚めに際して、私たちの魂のいとなみが光と音を感じとるように、隣人の霊的、魂的なものを私たちの内部が感じとるとき、私たちは高次の段階での目覚めを体験するのです。

さて、私たちは人智学から、霊界についての人智学の記述から、壮麗な理念を受けとることができます。エーテル体、アストラル体等について語られるすべてを理論的に受け容れることができます。しかしそれによっては、まだ霊界を理解したことにはなりません。他の人の魂的、霊的なものに目覚めるとき初めて、霊界を理解し始めます。そのとき初めて人智学を本当に理解し始めるのです。本当に人智学を理解しようとするなら、「他の人の霊的、魂的なものに目覚める」状態から出発しなければなりません。

この目覚めを可能にする力は、人間共同体の中に霊的な理想主義が植えられることによって生じます。こんにち、多くの理想主義が語られていますが、いずれも現代文明の中では、かなり見えすいたものになっています。なぜなら、真の理想主義は、礼拝形式を用いるときのように、霊界を地上世界の中に持ち込むことが、意識的に可能となったときにのみ存在しうるものだからです。

人間は地上で直観し、認識し、理解したものを超感覚的＝霊的なものにまで高めるのです。

それを理想にまで高めるのです。私たちが礼拝を執り行うときは、超地上的なものを力に充ちた形象の中に持ち込みます。

一方、私たちの魂のいとなみを超感覚的なところにまで引き上げる場合は、私たちの物質界での体験を霊的＝理想主義的に体験するときなのです。つまり、感覚体験を超感覚体験にするのです。そのときの私たちは、思わず自分に向かってこう言えるのでしょう。――「お前がこの感覚世界の中で知覚したものは、お前がそれを理想にしさえすれば、突然生き始める。お前が正しい仕方で心情と意志衝動をそれに浸透させれば、新たに生き始めるのだ。もしもお前がお前の内面全体に意志を浸透させ、そこに情熱を注ぎ込むなら、お前の感覚体験は、理想化されて、超感覚的なものを礼拝形式の中に組み入れるのとはまさに正反対の道を歩むことになる」。

実際、私たちは小さな人智学共同体、大きな人智学共同体をもっています。ですから、今言いましたことをなんらかの意味でやってみることができます。私たちにそれが可能になるのは、霊的という理念形成のための生きた力によって、「目覚めさせるもの」が体験できたときなのです。単に感覚体験を理想化すること、抽象的な思考内容としての理想をもつことではなく、私たちが理想と一体になること、礼拝の反対、つまり感覚的なものを超感覚的なものにまで引き上げることができなければならないのです。

このことを達成してくれるのは、感情の力です。大切なのは、人智学を学ぶとき、その学習に霊的な感情を浸透させることです。それにはすでにこの部屋に入るときの扉を、入口を、聖域へ参入するときのような気持ちで渡るということです。その空間がどんなに世俗的な空間であっても、共通の人智学の読書会をやることで聖域に変わるのです。人智学の生命を一緒に学ぶための集まりであれば、どんなときでもこの感情を喚び起こさなければなりません。

以上のことは、抽象的に概念として受けとるだけでなく、感じとろうとして下さらなければなりません。ですから私たちは、人智学を実践する場において、ただそこに座っているだけでなく、つまりみんなと一緒に、ただ傾聴したり、読みとったり、それを自分の思想の中に取り込んだりするだけでなく、人智学の思想を受容する全過程を通して、人智学を実践する場において、本当に今そこに霊的本性が存在している、という内的体験に到るのでなければなりません。

感覚界で行われる礼拝形式の場合、神的な働きが感覚的に存在しているように、私たちの内なる魂の在りようによって、人智学のコトバが響く私たちの魂の中に、私たちの心の中に、現実の霊的本性が呼び出せるようにならなければなりません。そして私たちの語るコトバ、私たちの感性、私たちの思考、私たちの意志衝動を、霊的な意味で、つまりなんらかの抽象的意味でではなく、現実に霊的に実在する本性が私たちの上に漂い、私たちを見下ろしているかのように、用いることができなければなりません。

私たちが人智学を働かせることによって、霊の実在が、超感覚的なものの実在が感じとれなければなりません。それが可能になったとき初めて、一つひとつの人智学の働きが、超感覚的な実体になり始めるのです。

素朴な共同体の場合にも、単なる言語とは違うものがそこにあります。言語は頭部系の人間の中で働いていますが、人間全体に眼を向けるなら、素朴な人間共同体の中には、人間と人間を結びつけるものが共同の血として存在しています。人間のこの血のきずなは、人びとを共同体としてひとつにまとめます。しかし血の中には自由な人間には同じように見出せないような集合魂、集合霊が生きています。血のつながり、血縁のきずなで結びついている人びとの集団の中には、共通の霊的存在がいわば下から上へしみ込んでいます。共通の血が血管を通って流れているところには、集合霊が存在しています。同じように、私たちが共通して人智学を受容するとき、私たちが共同で体験するものを通しても、血による集合霊ではありませんが、現実の共同体の霊が引き寄せられます。このことが感じとれれば、私たちは人間同士、真の共同体の仲間になれるのです。

私たちは人智学を真実のものにしなければなりません。それには私たちの人智学的共同体の中で、一緒に人智学の仕事をやりながら、他の人の霊的＝魂的なものに触れて目覚めるのでなければなりません。人びとは互いに相手のところで目覚めようとします。一人ひとりは、出会うまでに、それぞれ別の体験をし、自分を変化させています。そして変化したもの同士が今、ふたたび出会います。出会うたびに芽を出し、そして生長します。そして、人間の魂と魂、霊と霊が相手のところで目覚めるのです。それが自分にも可能だと思えたとき、私たちは人智学的共同体に次のような生きいきとした思いをもって参加するのです。――「やっと目覚めた人間になれたような気がする。はじめて人智学を一緒に理解し合える。そして、もしもわれわれがこの理解を土台にして――高次の人生のために眠っている日常の魂の中にではなく――目覚めた魂の中に、人智学の諸理念を受容するなら、そのとき初めて共通の現実の霊性がわれわれの学習の場に降りてくる」。

　私たちが超感覚的世界のことを語る一方で、このような現実の霊性、このような「逆の礼拝」にまで達することができなかったら、そこに真実がある、といえるでしょうか。霊的な実質を本当に自分のものにしようとするのなら、この霊的なものの理念を抽象的に把握して、自分にも相手にも理論的に再現してみせるだけでなく、霊たちが私たちの霊的受容の中で、私たちと霊的な共同体を形成している、と信じることができなければなりません。

　外的な諸制度によっては、人智学的共同体形成を呼び出すことなどできません。人間意識の深いところにある源泉から呼び出すのでなければなりません。今日は皆さんにこの道の一部分だけをお話ししました。明日、この続きをお話しします。

私が今回お話ししたいと思ったのは、人智学協会にとってもっとも重要なのは何か、ということでした。もしもこの協会がさらに発展を遂げようとするのなら、人智学そのものを本当に理解しようとしなければなりません。人智学のこの真の理解があれば、この理解が霊の理念への道にどどまらず、霊との共同体への道になってくれます。そうすれば、霊界とのこの共同体の意識が、共同体形成のための力になってくれます。そうすればカルマによってあらかじめ定められた共同体が形成されます。そうすればこの共同体は、正しい人智学意識の結果のひとつといえるでしょう。外的な手段だけでは、よい結果は期待できません。誰かがそのような手段を述べるとしたら、その人は皆さんにいんちきな話をしているのです。

以上に述べたような事柄は、ある程度までこの二〇年間の人智学の発展の中で理解されていました。霊的な意味では多くの人によっても、です。けれどもこのことは、明日、もっとくわしくお話ししなければなりません。というのは、この考察を続けることで、別の目標に向かいたいからです。

しかし今は、もう少し時間をとって、人智学的共同体生活の霊的地盤についての、たぶん皆さんの心を刺激したはずの問題にこだわっておきたいのです。

一方で人智学運動は、これまでお話ししてきたような問題を抱えています。人智学協会は時代の中で、あれこれの様相を呈してきました。しかし、人智学はどんな人智学協会からも自由であり、独立しているのです。独立している、と見なされてしかるべきなのです。しかし、人智学は人間がほかの人間のところで目覚めるということ、そのような仕方で、この目覚めから共同体を形成するということ、これは何をおいても理解していなければならないことです。なぜなら、私たちは一緒にいる人たちと共に、そのつど新たに目覚めるのですから。だからこそ、その人たちと一緒にいるのです。

そこには内的、霊的な根拠があります。このことは人智学協会の内部で、ますます理解されていくのでなければなりません。そして本来、人智学協会を繁栄に導くものは、そのすべては、霊的諸力によって貫かれていなければならないはずだったのです。最後には人智学的なものそのものの中に流れていくはずの霊的諸力によって、です。

最近、とても嬉しかったことがありました。ここ数週間、大小いろいろな会合に参加しました。ここ数日は代表者会議が開かれていますが、この会のための準備会がいろいろあったのです。その準備会では、議会や諸団体の会議で行われているのと同じような通常の合理主義的な日常の討議が行われましたが、そのあとで、ある青年会議に、大学の若手の研究者たちによる会議に参加しました。そこでも今後の課題が話し合われました。そのときもしばらくの間、外的な問題が話し合われたのですが、そのあと、思いがけず、真に人智学的な議論に集中したのです。日常の用件から、人智学の立場に立たないと語れないような流れに、おのずと入っていったのです。

理想的なことを言えば、しばしば経験させられているような、人工的、感傷的なまでに人工的で、霧がかかったような仕方で、人智学の諸理論を牽強《けんきょう》付会《ふかい》なものにしてしまうのではなく、当然の道の上で、通常の人生の諸要求から、それについての話し合いから、次のように思えるのでなければなりません。――「今のこの時代においては、もしもわれわれが研究の必要性を知る上で、人智学を問題にしようとするのでなければ、化学や物理学でさえも、その研究の意味が見えてこない」。これが私たちにとっての導きの糸なのです。

しかし、今までのような仕方で明日の夕方まで話し合いを続けても、何も成果は得られないでしょう。途方もないカオス、悲劇的なカオスに行き着くしかありません。センチメンタルな仕方で話をこじつけても無駄です。私たちは人智学の衝動を自分の心に流し込むのでなければなりません。筋の通った仕方で、です。そうすれば私たちの話し合いは、実り豊かなものになるでしょう。

けれども、現状はどうでしょうか。私にはこの会場に二つの党派、二組のグループが見えます。この二組のグループは互いに相手のことを理解しようとしていません。まだ相互理解に向けての第一歩さえ踏み出してはいません。なぜ、そうなのでしょうか。なぜなら一方の側は、今日始めに私が少しだけ申し上げたように、二〇年にわたる古い体験をもとに語ろうとしていますし、もう一方の側は、この体験には何の興味も持っていないのですから。

こう言ったからといって、批判的な意味は含まれていません。ただ心配して申し上げているだけです。私たちはすでに経験してきたのではないのでしょうか。人びと、善意の人びと、その人なりに人智学に感動した人びとが、この場で私たちの討議を打ち切ったのです。その人たちはこう述べました。――「延々と並べたてられてきた報告は、どれもこれもわれわれの関心外のことばかりだ」と。でもこの発言は、人智学協会が直面している重大な危機を、まだ知らずにいる人が知ろうとしているまさにその瞬間に証拠立てたのです。

一方では人智学協会における生活への本能的ともいえるような自然な関心があります。この生活は家庭生活のようなところがあるのですが、もう一方は、そんなことには興味がなく、ただ人智学協会についての一般的なイメージだけをもっています。このいずれの立場も、こんにち正当性をもっています。ですから、このままの方向で議論が続くなら、――私はただ私自身の個人的な意見を申し上げているのですが、というのは実際に生じるべきなのは、社会の内部から出てくるものでなければなりませんから――、一方で、古い人智学協会もそのまま残し、その傍らで、自由な人智学共同体の連合体を、何かまったく別のものを望んでいる人びとすべてのために、設立するのが一番いいやり方だと思います。

この両者なら、そのいずれの党派も、みずからの地盤の上で、自分の心にかかっている事柄を大切にすることができるでしょう。私たちは一方では古い人智学協会をもち、他方ではゆるく、しかし親しくつながり合っている自由な共同体の連合体をもつでしょう。この二つの協会は、共に生きるためのひとつの方式を見つけることができるでしょう。このやり方だったらきっと、議論がこれまで通りの仕方で続行していったら、きっと明日の晩までに生じるであろうような、どうしようもない事態に追い込まれるよりはましであろうと思います。ですから皆さんにお願いしたいのですが、今提案した考え方を今後の議論の中に取り上げていただきたいのです。つまり、皆さんが古いものをそのまま残すのか、それとも改良するのかはどうでもいいのです。偽りがこのまま膠着状態を続けるのを避けるつもりがあるのかどうかを、どうぞ議題として取り上げて下さい。

もしも問題がこのままの状態に留まり続けて、一方が他方を理解しないでいるくらいなら、人智学運動の内部に今述べた二つの連合体を作ったほうがいいのではないでしょうか。

こう申し上げるのは、心配のあまり、心が痛むからです。人智学の問題が心配になる、とはどういうことなのか、私が理解していないなどとは、誰にも言わせません。人智学を愛するとはどういうことなのか、私自身が分かっていない、などとも言われたくありません。けれども、やがてまた混沌の中に陥るような事態になるよりは、互いに愛し合う二人の姉妹兄弟がいて、それぞれが自分の進むべき道を歩みながら、共通の理想の中でのみ、ひとつにまとまっている、ということのほうがベターです。

愛する皆さん、私たちを困難に陥れている事柄は、それぞれ自分の立場を主張する根拠をもっているのです。皆さんはそのことをまだ見通すことが許されていません。この根拠は、厳密に、一つひとつ取り上げて検討されるべきなのです。

私は現在の代表理事が、本質的に実利的な仕事において、以前の代表理事よりも業績を上げたと主張するつもりはありません。いずれにせよ、私が事務総長として本部で同様の仕事をしていたときのほうがよかったなどと言うつもりはありません。そんなことはどうでもいいのです。大事なのは次のことです。——それぞれの施設がこのシュトゥットガルトで設立されたあと、人智学の意味でどんな活動を展開すべきだったのか？

この問いが答えを求めています。なぜなら今となっては、私たちはこれらの施設をこの世から消し去れないのですから。これらの施設が存在するようになった以上、それらの施設が存続するための諸条件を知らなければなりません。しかし、もしも私たちが、人智学の意味で形成することを理解せずにいるなら——私たちは現在までの四年間、理解せずにきたのです——、もしも私たちがそれらの施設を異質なからだとして、人智学運動の中に組み入れるなら——実際そうなってしまったのですが——、一九一九年以来行われてきた施設の設立は、人智学運動全体をいつか破滅させてしまうでしょう。そのときは、どんな呼び方がされているにせよ、代表理事が居場所を失ってしまうでしょう。

ですから大切なのは、個人的な議論ではなく、事実にもとづいた議論をすることです。そして人智学協会がどのように設立されるべきかをはっきりさせるのです。人智学協会はそういう施設を設立してきましたが、その設立の中には、ヴァルドルフ学校のような、実にすばらしい施設も含まれています。

ヴァルドルフ学校については、これまでどんな意見も聞かれませんでした。実際、シュトゥットガルトで行われている事柄の当事者たちは、これまでほとんど何も発言してこなかったのです。

私は特に二人の代表理事の方々がこのことについてどう思われているかを聞きたいと思います。代表理事の三人目のラインハス氏の発言を求めてはいません。ラインハス氏は、ある重要な用件に際して、ただ一人熱心に私に協力してくれました。今でもそうです。彼はもっとも顕著な意味で代表理事の仕事を果たしてくれているので、彼の発言ではなく、ほかの二人の代表理事から、この問題についての発言を求めたいと思います。自己弁護のようなことはどうでもいいのです。このような、人智学協会の未来の発展に関わる事柄について、どう思っているのかをお聞きしたいのです。ヴァルドルフ学校は、一九一九年以降の諸活動をみずからの中に生かす可能性をもっているのです。

ヴァルドルフ学校以外の諸施設は、無責任な体制の中で生じました。それらが今ここにあるのですから、これまでのような無責任な態度は許されません。問題は極めて深刻なのです。私たちは自分の問題として関わるのでなければなりません。個人的な態度ではなく、事実に即して議論していただきたいのです。

今述べました言葉は、ひたすら事実に即したものです。一人の人や代表理事の二人に向けられてはいません。誰かを非難するつもりはありませんが、今きびしい言い方になってしまったのは、どうしても言わざるをえなかったからなのです。

先程取り上げた二つの協会が設立されるなら、古い人智学協会の継承団体は一度協会の母体から生じたものに配慮を示すのでなければなりません。そしてもう一方は、そういうことに関心がないのですから、狭義での人智学の道を進むことができるでしょう。

以上、私はごく大まかに素描させていただきました。具体的なことは、明日、一二時からくわしく述べたいと存じます。

第二講

一九二三年二月二八日

もちろんこの集まりにおいても、私はいつものように、人智学協会員である皆さんに、集中して人智学そのものの内容をお話ししたかったのですが、しかし今回の集まりのためにこの数日間に提出された問題のすべては、この集まりがまさに直面している問題を今取り上げるように、私に求めているのです。

ここにいらっしゃる皆さんのすべてに向けてではなくても、皆さんのそれぞれのグループの要請があれば、狭義での人智学の内容についてお話しする機会は、いつかきっとあると思っています。しかし、今回の二日間の講義においては、まさに人智学が実際に生活の智恵になりうること、日常生活のために人智学が役立ちうることをはっきり示したいと思っております。ですから私は今回、ここで問題にされている事柄のために、人智学の観点から、必要な土台づくりがしたいのです。

昨日はそのような立場から、人智学協会の中での共同体形成についてお話ししました。そのこととの関連で、これからお話ししたいのは、この世の中を人智学的に理解することで、人生をどう生きることができるかについてです。

そこで、昨日とは正反対のことをお話しすることになってしまいますが、人智学協会と似た土台の上に立っているような諸協会の歴史をよく知っておられる人たちには周知の事柄から始めようと思います。そしてそのあとで、人智学協会と他の協会との違いについても若干言及するつもりです。

はじめに申し上げておきたいのですが、世界にはそれぞれの立場からの霊界認識を基礎にした協会が数多く存在してきました。もちろん人類史上、相前後する各時代の在り方次第でその在りようが異なってはいますけれども。さらにまた、協会員の性格や能力によっても協会の在りようは異なってきます。世界を見渡せば、極めて真剣な、極めて重要なものからいかさままがいのものまで、実にさまざまですよね。

こういう協会の歴史に通じている人ならよく分かっていることがひとつあります。それは常に一種の道徳的な雰囲気が集まりの中になければならないということです。しかしその雰囲気が生じるのは、その協会のメンバーが真剣に人間味のある友愛を求めているときだけなのです。

ですから一般に、こういう協会の規約の中には、このことが盛り込まれています。しかも、今言いましたように、「なければならない」のです。一方では友愛が求められ、他方では霊界への洞察が求められているのです。

ところが、こういう諸協会の歴史を調べてみますと、友愛と霊界への洞察との上に打ち立てられた協会であればあるほど、争いごとが頻繁に生じているのです。分裂、対立がちょっとしたきっかけで生じてしまいます。大きな共同体であればあるほど、そこから独立しようとするグループが出てきて、あとに残った人たちとの間で、ますます対立が烈しくなっています。つまり、こういう友愛型の結社であればあるほど、人間的な争いごとが頻繁に生じてしまうのです。

このことは、私たちにとっても身近な現象です。しかし人智学の場合、人智学そのものが私たちにこの現象とどう向き合えばいいかを教示しているのでなければなりません。その意味で、今回の二つの講義が扱う内容は、ペダンティックな言い方をすれば、人智学が取り組むべき不可欠な事柄なのです。私たちは、一般的な観点から一般的な議論をするつもりはありません。あくまでも人智学の講義をするつもりです。人智学協会の集まりで行うのであればなおさらです。

そこでもう一度、昨日述べた事柄に戻りますと、人間意識との関連で、私たちの体験には三つの段階がありました。深い眠り、もしくは特に夢の中にいる人間は、深層意識のイメージ世界を体験しています。そしてその世界を、夢の中で、現実だと思っています。そしてその限り、その人と一緒に物質世界を生きている人たちから孤立しています。他の人たちと共通の体験をしてはいないのですから。夢の中では、体験を共有する手段は存在していません。

第二段階の人間は、この意識状態から目覚めて、通常の日常意識に入るのです。ですから外なる自然、もしくは他の人たちの外なる部分に目覚めるのです。その目覚めは、自然界の諸要求を生きる必要によって、すでにある種の共同体感情を働かせています。そしてその際、言語が特別重要な役割を果たしています。

ここで、この二つの意識状態が結び合った状態を考えてみましょう。正常な生活状況にある人は、正常な心身状態を通して、孤立した夢の体験と他の人びとと一緒にする体験とをはっきり分けています。そして、分けている限りは、自分の夢の世界に生きることもできるし、通常の現実世界に生きることもできます。自分にとっても、他の人にとっても通用する仕方でそうすることができます。

しかし、なんらかの理由で、例えば病的な状態になったことで、ある人が、目覚めた日常意識の中で、つまり他の人たちと一緒にいるときに、他の人たちの持っている表象内容、知覚内容を共有できなくなったとします。からだが病的状態になってしまい、夢に似た表象世界、知覚世界を目覚めた日常意識の中に持ち込んだとします。思考を論理的に組み立てる代わりに、夢に似たイメージ世界を持ち込んでしまうのです。

私たちはそういう場合の人間を、精神的に健康ではない、と言います。しかし今私たちにとって大事なのは、こういう人は他の人たちを理解していないし、他の人たちも、こういう人を病気だと思わない限り、その人を理解していない、ということです。

この夢意識の意識状態が、日常意識のいわば高次の意識状態の中に取り込まれますと、その瞬間にその人は、人びとの中でひどいエゴイストになってしまいます。考えてみて下さい。そういう人は自分の思いに従って行為してしまうので、他の人たちはその人のやっていることについていけなくなり、結局、関係がばらばらになってしまいます。その人は他の人たちと共同の魂の世界を生きていませんから、ひどい関係になってしまっても気づきもしません。

さて、この二つの意識段階〔夢意識と日常意識〕から、別の意識段階に移ります。私たちは外的な諸事情の成り行きに従って日常意識へ到りますが、この日常意識に高次の意識が対置されるのです。この高次の意識状態は、昨日述べたように、環境のいとなみに目覚めるだけでなく、他の人の内面にも目覚めることによって獲得できるのです。ですから、通常の意識状態においても、すぐに自覚されることがなくても、このような意識のレヴェルにまで達することができます。

もちろん高次の世界へ到るためには、他にも多くの道があります。私の著書『いかにして超感覚的世界の認識を獲得するか』からそういう道の多くを知ることができますが、通常の意識においても、他の人たちの内面に幸運にも目覚めることができるようになったときなどには、いつもは理解できずにいた事柄を理解したり、もしくは正面から向き合えなかった事柄に向き合うことができるようになったりします。そして私たちは、そういうときになって初めて、肉体、エーテル体、アストラル体、自我という霊界に関わる概念を用いて語ることが可能になり、輪廻転生とカルマについて語ることも可能になるのです。

　私たちはそのとき初めて、日常意識における内面生活を高次の世界へ、しかも自分の体験として持ち込むことが可能になります。

　このことは、レヴェルは異なりますが、夢のイメージを日常生活の中に持ち込むときの在りように似ています。しかも、この高次の場合にも、ごく自然に、エゴイストになってしまいかねませんが、しかしそうなるのは、次のことが自覚できていないときなのです。——「高次の、霊的、超感覚的な世界に属する事柄には、感覚世界における事柄とはまったく違った仕方で向き合わなければならない。だから考え方、感じ方を変えることを学ばなければならない」。

　夢見る人が他の人たちと日常生活を共有して生きていこうとするのなら、夢意識とはまったく違った意識状態に入っていかなければならないように、人智学の中で学ぶ事柄と向き合うときには、日常意識で生きるときの魂の在りようでその事柄と向き合ってはならないのです。

私たちの日常意識は、一般の学問意識、科学意識とは区別されませんが、人智学によって与えられる意識とは同じではありません。この点に理解の難しさがあるのです。ある人は日常意識で語り、別の人は超感覚的世界でしか通用しないような意識で語るとしますと、その状況は、夢のことを語る人と外的な現実の事柄を語る人とが互いに理解し合おうとするときのような困難に陥ることになります。

何人かの人が日常意識を保ったままで、日常的な魂の在り方のままで、超感覚的な世界の言葉を聞くために集まるとしますと、途方もない可能性を生じさせてしまいます。互いに喧嘩し合う可能性を、です。なぜなら、ごくごく自然な仕方でみんなエゴイストになっているのですから。

このことに対する強力な対抗手段がありますが、この対抗手段を使うためには、まずそれを自分の魂の中で育て上げなければなりません。その手段とは、心の奥底から湧いてくる寛容の心です。けれども、この心は念入りに育て上げなければなりません。

通常の日常意識においては、たいていの人の持っている要求に応じた、ごくわずかな程度の寛容さで十分です。そして、たいていのことは、自然環境が解決してくれます。しかし、この通常の日常意識の場合、人生経験のある人ならお分かりでしょうが、二人の人が話し合うとき、非常によくあることなのですが、相手の話をあまり聞いてはいないのです。こんにち、人びとはそもそも耳を澄ませて聴こうとはしていません。誰かが、言いたいことの四分の一を語ると、相手は待ちかねたように語り出します。人の話を聞こうとするのではなく、自分の意見だけに気が向いているのです。これがこの世の通例です。けれども霊界では、そんなことは通用しません。

霊界では無条件の寛容さが求められます。どんなに納得がいかなくても、平静に耳を傾けようと、心がけなければなりません。心得顔の忍耐では駄目です。納得のいかない話を、いわば相手の正当な主張として、心の底から受け容れるのです。

そもそも高次の世界では、何かに対して異議を申し立てるようなことには何の意味もありません。高次の世界の体験を経験している人は、ある事柄について、自分と相手とが正反対の意見を述べることがありうることを知っています。自分とは正反対の相手の意見を、自分の意見と同じ寛容さで――ちゃんと、よく聞いて下さい！――受け容れるなら、高次の世界から伝えられる思想を体験するための、必要な、社会的態度が持てたのです。

高次の世界との正しい関係をもつためには、このような道徳基盤が必要なのです。そして前にお話ししたような争いが協会の中に生じるのは、もっぱら次のことによるのです。すなわち、「人間が肉体だけでなく、エーテル体、アストラル体、自我などをもっている」と聞く人が、それをすごいと感じるだけで、物質界で椅子やテーブルを体験するのとは違った仕方で体験するのに必要な、魂の変革をしようとしないことによるのです。しかし、私たちは椅子やテーブルを物質界においても、夢の場合とは違った仕方で体験しているのではないでしょうか。人びとが高次の世界の教えを通常の魂の働きで理解しようとするなら、当然のことながら、おのずと争いを生じさせてしまいます。

まさに高次の世界の特性を理解しようとする人が、すぐに霊的内容を扱う協会の中で、争いごとを生じさせてしまうのです。そのことをふまえるなら、物質界で通用する程度とは較べものにならないくらいにまで徹底して、他者を受け容れることができるように、自己教育を行う必要があるのです。こういう協会のメンバーになるつもりならば、です。

人智学徒であるということは、人智学を理論として学ぶということだけでは済まないのです。人智学徒であるためには、一種の魂の変容が求められるのです。

でも、ある人たちは、魂を変容させようとは思っていません。ですから、私が次のように申し上げても、まったく理解してもらえませんでした。――

「魂の在りようは二つある。例えば、私の『神智学』を読み、研究しようとするが、通常の魂の在り方のまま『神智学』を判断しようとする。そうであれば、『神智学』を読むのと料理本を読むのと、魂の質において、まったく同じ在り方になっている。体験の価値から言えば、『神智学』を読むのと、料理本を読むのと、何の違いもない。ただ『神智学』を読むときは、より高次の段階で夢見ている。しかし、より高次の段階で生きているのではない。そして、高次の世界を夢見る人は、高次の世界の衝動から人びととの最大限の結びつき、最大限の寛容さを成果として受けとるのではなく、高次の世界の研究のまさに贈り物ともいうべき結びつきの代わりに、ますます争い、喧嘩を生じさせている」。

以上のことをふまえれば、霊界の洞察の上に立っている協会の中に、なぜ争いや喧嘩が絶えないのか、その理由が分かってもらえると思います。

私が『いかにして超感覚的な世界の認識を獲得するか』の中で——部分的ですが——述べたように、霊界への道はさまざまあります。そこで今、誰かが熱心に高次の世界の認識を求めますと、昨日と今日お話ししてきたことからもお分かりになるように、一定の魂の在りようが求められます。特に本来の霊の探求者にとっては、一定の魂の在りようが必要になるのです。

つまり、霊的研究に際して、物質界でならまったく正しい事柄を絶えず求め続け、物質界の意味で考えようとし続けるならば、超感覚世界の真実に向き合うことができなくなります。きっと分かってくれると思いますが、責任をもって霊界からの何かを自分の仲間に伝えようとする人、いわゆる「霊学研究者」といわれる人は、自分の研究のために多くの時間が必要なのです。私自身も今、少しずつでも霊学の、つまり人智学の領域を拡げていくための研究を行っていますが、そのためにも時間がほしいのです。

もしも私たちがひとりで生きているなら、もちろん自分の運命次第ですが、自分の時間を自由につくることができます。なぜそういうことを言うのかといいますと、真剣に霊の研究者であろうとし、責任をもって仲間の人たちに霊界で見出す事柄を伝えようとすると——当然のことなのですが——、自分に敵対する人たちのことにかまってなどいられなくなるのです。自分には敵がいる、と分かってはいても、そういう敵の言うことに、いちいちかまってはいられないのです。非難、中傷は、そういう敵のやることです。霊の研究者はプラス思考で自分の道を歩み、誹謗中傷にかまけてはいられません。そこここに何か特別の罠が仕掛けられたのではない限りは、です。それが本来の魂の在りようなのです。

けれども人智学協会に関わることになると、この魂の在りようを保ち続けられなくなります。なぜなら、そのときには真実に対する責任に加えて、この協会の在り方に対しても責任が生じるからです。よく言われていることですが、この協会は、真実のための道具になろうとしているのです。

そうなると私たちは、この協会の責任に関わらなくてはならなくなります。私たちは、ある程度まで敵たちにそういう本来の態度をとり続けてきました。私も、人智学協会も、一九一八年までは、そういう仕方でやってきました。私は非難された事柄にはできるだけ心を惑わされないようにしてきました。パラドクスな言い方かもしれませんが、前に述べた寛容さにもとづいて、そうしてきました。どうして私がそのつどそのつど敵たちに反駁するほど不寛容でなければならないのでしょうか。

そんなことをしなくても、人類進化の自然の成り行きの中で、すべては正しい軌道に戻るはずなのです。ですから、こう申し上げられるのです――「この態度は、まったくとは言えなくても、大方は一九一八年までは有効だった」、と。

けれども、人智学協会が一九一九年以来、引き受けているような問題を抱える協会になりますと、それに伴う責任も出てきます。ですから、その問題の抱える運命が人智学協会の運命になり、さらに人智学協会の運命が霊学研究者の運命になるのです。

こうして二者択一の決断に迫られます。霊学研究者は、自分の敵たちに対抗する行動に出て、霊学研究とは両立しえない問題を引き受けるのか――この二つは両立しえないのです――、それとも、霊学研究のためには時間が必要なのですから、敵たちへの対応を協会の外的、社会的な事業に責任をもってくれている人たちに任せることにするのか、そのいずれかを選ばなければならなくなります。私たちの人智学協会内の事情は、一九一九年以降、内的、人智学的理由からでも本質的に違ったものになったのです。

この協会は、協会員一人ひとりによって、そういう外的、社会的事業を始めるように決めました。その事業の土台は人智学ですけれども、この人智学という土台を守ってくれる人たちは、実際に研究を続けることによって、日々霊学研究に新たな事実を組み込む努力をしなければならない者［シュタイナーのこと―訳者］の内的正当性にまったき責任をもっていなくてもかまいません。

敵の大部分は、本来なんらかの社会生活をいとなんでいます。例えば、そこここで、あれこれの研究をしてきた人です。ですから、あれこれのことに関しては、あれこれの考え方をしています。そして、その考え方に従えば、人智学の敵にならざるをえないのです。

その人はなぜ自分が人智学に敵対するのか、全然分かっていなくても、そうならざるをえないのです。なぜなら、その人を教育してきたもの、その人の体験してきたものの意のままに、無意識に操られているのですから。

内的に、そうなっているのです。外的にはもちろん、人智学協会の存亡に関わることですから、そういう敵と戦わなければならなくなります。

とはいえ、以上は一般的な言い方に留まっています。敵対するグループの本来の指導者たちはもっと自分たちの意図を自覚しています。そういう指導者の中には、霊的な研究を行うときの条件をよく心得ている人もいます。人智学的な研究に限りませんが、霊的な研究のためには、平静であることが必要なのです。ですから、そういう研究者を絶えず非難し、論駁し続けることがその研究者を研究から引き離す最上の手段である、と心得ているのです。本当によく分かっているのです、敵たちに反論を加えることと霊的研究とが両立しないことを。反論せざるをえなくさせることで、研究の邪魔をしようとするのです。ですから、反論を書くという行為そのものが、敵の意に適《かな》った行為になるのです。この手段を利用しようとする者にとって、自分の本に何を書くかは本来、どうでもいいのです。その本で霊学研究者の頭をゆさぶるのが目的なのですから。どんな手段を使ってでも、霊学研究者に自己弁護をしなければならなくさせればいいのです。

そういう挑戦には、まったく客観的な態度で臨まなければなりません。こういうことを知るのも、人智学協会のメンバーの課題のひとつです。

さて、今申し上げたことは、多くの人にはよく知られています。ただその多くの人たちにとって、このことを外へ向かっては黙っているのが決まりなのです。しかし経験が教えているように、人智学協会の中では、ずっと以前から、そんな決まりなどあるはずがないのです。

人智学協会内で連続講義が印刷され、そこには「協会員だけのために」と記されています。こんにちドイツでは、他の地域でも、公開の図書館へ行けば、それらの連続講義を借りることができます。人智学協会のメンバーでなくても、すべての連続講義を手に入れることができるのです。敵側の著述を読めば、その著者たちが連続講義を持っていることが分かります。連続講義を手に入れるのを、それほど簡単にしたつもりはないのですけれど。

でもこの人たちは、ときには人智学徒よりも、手に入れることに熱心です。こんにち多くの協会内に見られるような秘密主義は、人智学協会の場合は、ありえません。人智学協会では、誰でも自由な人間であり続けるべきなのですから。ですから、何も約束することはありませんし、真剣に認識を求める人なら、誰でも簡単に入会できます。人智学協会はもっとも近代的な意味で組織されているのです。私は秘密主義が可能な方向に向かうつもりはありません。もしもその方向へ向かうつもりなら、古い人智学協会と並んで、ゆるい団体をつくったらどうか、などと皆さんに提案したりはしません。

実際、皆さんもお気づきになっていると思いますが――悪く言うつもりではありませんが――、古い頃からの協会員たちがタンスの中にしまいこんできたものが、今、このゆるい団体を通して一般社会の中へ流れていくように、多くの地下水道がすでにつくられています。けれども、もっとも近代的な思考と感情の意味で人智学を打ち立てようしない人は、内面の深くにある人智学のこの自由の衝動を理解することができないでしょう。

ここで私自身が体験した例をあげさせていただきます。自慢話をするつもりはまったくありませんが、昨年の夏、オックスフォードでヴァルドルフ学校教育について話をしました。そして、あるイギリスの新聞に、それについての記事が出ました。言葉通りではありませんが、冒頭はほぼ次のようでした。――部外者としてたまたまこのオックスフォードでの教育講座の場に迷い込んだ誰かが、シュタイナー博士のことも、人智学のことも、何も知らなかったとしても、人智学の代表者が語っているとはまったく気づかなかったとしても、その人は、シュタイナー博士の話を、ただ自分の持っている観点とは違ったところから教育について語っているだけだ、と思うだろう。

　この記事は私をとても喜ばせてくれました。私が目標にしていること、つまり私の述べる個々の内容を聴いて、すぐさま、これが人智学の立場だ、と思われないように話そうとしていることを認めてくれる人がいる、と思えたからです。

　もちろん私の話は人智学の観点に立っていますが、この観点が一面的にならず、聴いている人がそれぞれ内発的に認識し判断することで、この観点が客観的に受け取ってもらえたとき、私の話は正しく聴いてもらえたのだ、と私は思っています。

　このオックスフォードでの連続講義が行われる以前、ですからこの新聞記事が出る以前、私は、たぶん皆さんにはあまり意味がないと思われるような実験をやってみました。それは昨年六月のウィーン会議でのことでした。私は二回の連続講義で、十二回話をしました。私はこの十二回のすべてにおいて、人智学という言葉を一度も使わないよう心掛けました。そして実際、一度も使いませんでした。人智学的世界観だと、こういう事柄をこう述べるのだ、という受けとめ方もされずに済みました。でももちろん、そしてだからこそ、みんな人智学的な内容だったのですけれども。

人智学徒なら人智学という言葉を決して口に出さない、というのを建前にすべきだ、などという、ペダンティックで俗物的なことを言うつもりはありません。そんなことは望んでいません。

しかし、まともに世間と向き合い、世間に身を置くつもりなら、こういう態度で働く場合も出てきます。そういうときには、人智学協会の指導的、活動的な人びとの場合でも、自由に働くべきなのです。そうでないと、人智学協会の中でとらわれた、非人智学的な態度が生じたときに、私自身がその責任を負うことになってしまいます。そうなると、世間は、一方と他方を同じものと見なしてしまいます。

ですからこのような場合も、人智学的であることの自由な精神が正しく把握され、そして何をおいても、人智学的なもののこの精神が十分に力を発揮できるようにすることが、大切なのです。

もちろんそのためには、まず自分を教育しなければなりません。自己教育は、人智学協会のサークルの内部で、なくてはならぬものです。そしてこの点を考えると、ここ数年の間に、無数の誤謬が積み重ねられました。ひとつには、さまざまな事業がはじめられたことによってです。誰かのことを名指しで非難するつもりはありません。このことをただ客観的な事実として申し上げているのです。

人智学協会が栄えるべきであるなら、各人一人ひとりがこうした事柄にまったき意識で向き合わなければなりません。しかしこのことは、こんにちの社会状況の下では、大変困難なことですから、例えば会報誌などを通して、人智学協会の個々のサークル間の活発な交流を試みることで行うしかないのかもしれません。

しかし同じく必要なのは、人智学協会の個々の部分が――人智学協会員がとは申しません――協会全体のこれまでの諸経過、人智学そのものの成長の過程に生きいきした関心を寄せることです。この点でも、多くのことが欠けています。

人智学協会が存在しなくても、おそらく多くの人智学の書物は存在しているでしょう。しかしその場合、私たちは、社会的に、その書物を読む人のことには関心をもたずに済ませることができます。人智学書を読む人は、世界中に散らばっているでしょう。たぶん、それぞれのカルマに従って、読者相互のグループやサークルがつくられるかもしれません。しかし、そういうサークルと外的に結びつく必要はないでしょう。

協会が、一九一八年までの私たちの協会のような在り方をしている間は、霊学研究者［シュタイナーのこと］にとって、状況にあまり違いはありませんでした。

物質界に必要な社会的責任が人智学協会に生じるようになるや否や、ただちに事情は変化しました。今日私は、こういう事柄をいつもよりもきっぱりと申し上げていますが、いろいろな社会事業が始まった時点で、あれこれの言い方でこのことをお話ししてきましたけれども、人智学協会のメンバー一人ひとりの耳にその話がどう届いたのか、メンバー一人ひとりにその話がどう役に立ったのか、まだ私にはよく分かっていません。

しかし人智学協会は今、新しく存在しています。そして指導的な人たちもいます。指導的な人たちは、この協会が、さまざまな分野に関して、人智学研究を危険に晒《さら》すことなしに、存続していけるような規約（Verfassung）を作ることができなければなりません。

以上は、いわば共同体形成のネガティヴな観点でした。昨日はポジティヴな観点をお伝えしました。あらためて申し上げたいのですが、ポジティヴな観点から共同体形成のために力を尽くしてくれる人なら、今日、お話しした事柄のすべてが、人智学協会の生命の発展に関連していることを知っていなければなりません。人智学活動の個々の分野で、このことを知っていなければなりません。

その意味では、次のようなこともとても大切な例です。

もう一度、死んでしまったゲーテアヌムの悲劇的な円柱の話をします。私たちは一九二〇年の九月と一〇月に焼失する前のゲーテアヌムで、最初の「大学コース」を三週間行いました。昨日お話ししたように、このゲーテアヌムは、人智学の感性から生まれた、まったく独特の芸術様式をもっていました。この様式は、どのようにして可能になったのでしょうか。

この様式が生じたのは、いくら感謝しても感謝し足りないくらいなのですが、何人かの人たちの尽力のおかげでした。一九一三年、当時の狭い範囲内の人智学活動の中から生じたもののために、いつでも使える場所をつくろう、と計画してくれました。つまり、神秘劇のための舞台、当時はまだ生まれたばかりの神秘劇でしたが、神秘劇のためにもふさわしいと思われていたオイリュトミーのための舞台、そして何よりも、霊学を基礎にした世界観、宇宙像を示そうとしている本来の人智学研究の場をつくろうと計画してくれたのです。

この人たちから委託を受けた私は、あの当時、真剣にこの課題と向き合いました。私にとっての課題は、人智学のその諸活動のためにふさわしい、芸術的にふさわしい様式をもった建造物を造ることでした。それがゲーテアヌムになったのです。

当時はまだ、私たちの中には、学者、科学者がいませんでした。人智学は、あるところまでは専門分野に立ち入っていましたが、個々の専門分野を人智学協会の内部で扱うようになるのは、もっと後になってからのことでした。生じるべくして人智学から直接生じました。ヴァルドルフ学校教育のようにです。この教育は、人智学から直接生じることのできた分野の大切な例です。

こういう活動のために、芸術様式が見出されなければなりませんでした。その様式は、私の確信するところでは、あのゲーテアヌムの中で一度は存在したのです。戦争がゲーテアヌム建築の進行を妨げましたが、一九二〇年、この新しい場所で今お話しした一連の「大学コース」の講義が行われました。

この一連の連続講義は、その間に有難いことに人智学協会に入会してくれた学者たちの意見に従って計画されました。プログラムが私に示されました。人智学協会においては、私の信じるところでは、絶対的な自由が支配しています。

外の社会の多くの人は、人智学協会では、シュタイナーが考えていることだけがまかり通っている、と思い込んでいます。しかし、たいていの場合、このシュタイナーなる人間の考え及ばぬような事柄が通用しているようです。人智学協会は私のためにあるのではなく、人智学協会は人智学徒たちのためにあるのですから、当然です。

さて、一九二〇年の九月から一〇月にかけて、ゲーテアヌムでさまざまな研究発表がなされている間、私は椅子に座って、本当に最大限の注意を払って——私は心に思い浮かんだことを申し上げているので、何かを批判しようとは思っていませんが——、新しい建物の内部を見廻しました。

週報『ゲーテアヌム』に書きましたが、例えば、オイリュトミー芸術の場合、ゲーテアヌムの内部空間のさまざまな線がオイリュトミストたちの動きと連動していました。しかしこのことは、ゲーテアヌムにおいては、本来の意図に従うのなら、どんな場合にもあてはまるはずでした。

ですから私は、この内部建築、彫刻、絵画が演壇の前で語る講師たちの言葉にどのような対応を示しているか、自分の精神の眼をその対応に向けました。そして、分かったのですが――当時はそんなことをみんなに言う必要はありませんでしたが――、狭義での人智学から語られた人智学の世界は、すべてが見事なくらい建築様式に合っていたのです。

それでも、さまざまな講師の語る講義の全体について、私たちはこんな感情を持ちました。――本来、ゲーテアヌムの付属建築のすべてがゲーテアヌム建築に応じた様式で、専門研究、専門考察にふさわしく建てられたなら、そういう研究はそのとき初めて、ふさわしい場所を見出せたであろう。

実際、ゲーテアヌムのほぼ一〇年にわたる運命は、人智学協会そのものの運命を共に体験してきました。建築様式とその中で行われていることとの――人智学運動の流れの中には何か非有機的なものも混入していましたので――、その様式と運動との調和、不調和は、容易に見てとることができました。

しかし、何事かを非難したり、何事かがあってはならないと言ったりするつもりはありません。すべては必然的にそうなっていったのです。しかしその一方で、このことは別の事情をも生じさせました。すなわち、今述べた不調和を意識するために、人智学から、今、化学、物理学、数学などが新たに生み出されたのです。なぜなら、科学も、人智学的に語るのであれば、通常の考察方式では不十分なのですから。

そういう不調和は、いつもあるわけではありませんが、その不調和がその期間中、雲となって私たちを覆っていました。このことは、人智学協会にも、そして芸術的、様式的にはゲーテアヌムにも、見てとることができました。

すでに一度、科学が世界を覆ったあとで――この運命にはもちろん感謝すべきなのですが――、その科学が人智学からふたたび生まれ変わってこなければならないのです。これからも未来の課題として、生まれ変わり続けなければならないのです。

いろいろな、非本質的な議論にわれを忘れるようなことがあってはなりません。今、緊急に求められているのは、個々の専門分野を人智学からふたたび新たに生み出すことなのです。

代用品ばかり求めなければならない時代には、一種のスローガンが用意されます。私はさまざまに――このことも時代の要請だったのですが――、あれこれのグループから、たぶん人智学の正しい歩みのテンポからすれば、もっとあとになってから、おもてに現れてきたであろうような事柄についての連続講義をするように促されました。これらの連続講義はそのようにして生まれました。

これらの連続講義が行われたのは、個々の科学が人智学からふたたび生まれる必要があったからなのでしょう。そこには人智学への関心がありました。そして、その関心は本来なら人智学協会の発展に役立つためにあったはずでした。

こういうことは、みんな意識的に受けとめなければなりません。愛する皆さん！　いくつかの都市で行われている大学コースのいろいろなゼミナールで、私は繰り返して宿題を出しました。ゲーテアヌム小ホールでの自然科学コースでも、数学系の物理学者たちに、最後のメッセージとして、そのような宿題を出しました。それは一九二二年の大晦日のことで、新年にも続けるつもりでした。

そのとき宿題に出したのは、次のテーマでした。視覚空間の代わりに触覚空間を数式で把握することがいかに重要かを考えよ、でした。似た問題は、これまでもしばしば提示してきました。

特に時間があまりないとき、いろいろ問題が生じます。しかしそういうときも、人智学的に解決しなければなりません。ですから、触覚空間と視覚空間のことなどまったく気にかけてこなかったような大部分の人智学徒たちにも関心をもってもらえるようにしなければなりません。誰かひとりが始めたことでも、まったく別の仕方で、多くの人びとのためにも役立つものにする道がいろいろあるのです。

そこで申し上げたいのですが、一九一九年以降、緊急に必要な施設を用意する必要が出てきたのですが――何度も繰り返して申し上げることになりますが――、人智学協会内で協会員たちがいろいろな事業を手がけ、そしてそのあとで、自分で手をつけた仕事をやりとげようとはしなくなりました。ですから、いろいろ困ったことが出てきたのです。今、私たちが直面しているすべての問題は、この困難から生じたのです。しかし、その人たちも、人智学そのものに抗議して、そうしたわけではありません。

愛する皆さん、皆さんに知っていていただきたいのは、困難が何から生じたのかを、個々の場合にいつでも言えるようにしておくことです。はっきり申し上げますが、そういう困難が生じたからといって、人智学そのものが厳しく批判される理由にはなりません。ですから、今回のこの深刻な考察との関連で、昨日この場で語った言葉を訂正したいのです。私は今申し上げた事柄をふまえて、気持ちが乱されていましたので、敵たちによって人智学運動が破壊されかねないことを、みんな自覚していない、というようなことを申し上げてしまいました。

そんなことは、起こりえません。敵によって人智学協会に、または私個人に最大限の危険が生じるかもしれません。しかし、人智学運動には何も災いは及ばないでしょう。人智学運動は敵の手で、せいぜい食い止められるだけでしょう。ですから、そのような関連で、この数年間、私自身も含めて、しばしばこう主張してきました。――人智学運動と人智学協会は区別されねばならない、と。

このことが主張されたのは、今、人智学協会のことをもっと顧慮すべきだからではなく、人智学運動と人智学協会とが内容と容器のような関係にあるからなのです。メンバー一人ひとりにとっても、内容と容器の関係にあるのです。この点においても、問題をはっきり意識していなければなりません。

私たちは人智学と人智学協会を混同してはなりませんし、最近の三、四年の経過の中で、人智学の外的な発展と人智学協会の運命とが人智学協会員たちにとって深く結ばれているのを誤解してもなりません。しかしこの両面は、一見親密な関係にありますが、互いにはっきり区別されていなければなりません。

理屈の上では、ヴァルドルフ学校は人智学協会が存在していなくても成り立っています。でも実際は、そうではありません。なぜなら、もしそうであったら、この学校の創立、指導、管理などなどのために働いている協会員がいなくてもよかったでしょうから。

現実の論理は、抽象的な知性の論理とまったく違います。人智学協会の会員として、このことを見通しているのは大切なことです。超感覚的なものは通常の物質界とは別の仕方で経験されます。このことを意識するのは、高次の諸世界を把握することに通じます。協会員であれば、少なくとも、たとえ感情による印象にすぎなくても、このことを踏まえているのでなければなりません。

ですから、夢想家が自分の夢を真実だと思い込むように、物質界での何かが霊的にも真実だと思えるのです。でも夢の意識を日常生活の中に持ち込むのは、異常な、有害な現象です。同じように、日常意識が正しいと思っていることを、霊界認識を可能にする意識の中に持ち込むことも有害なのです。

このことの是非は、ひとつの例で検討できます。近代人は知的なもの、外的＝経験的なものに取り巻かれていますから、学問にそれほど縁のない人でも、当たり前のようにこう言います。――「そんなことを言うなら、証拠を見せなさい」。つまり証明して見せなければいけない、というのです。言い換えれば、関連づけることのできる思考を、誰にでも分かるように用いなければならない、というのです。

そう要求する人は、眼が色の赤さを証明しないで、ただ赤い色を見ているように、真実を何かと関連づけて説明するのではなく、真実を直接把握することを、つまり人間の魂が真実に対してもつことのできる直接性を考えようとはしていません。

知的な態度が要求するものは、ある概念と別の概念との関連づけなのです。物質界においては、いろいろなことを証明してみせることが頭の良さに通じます。証明のためのすぐれた技法をもっていること、すぐに何でも証明してみせることが評価につながります。

このことは物質界では大事なことです。物質を扱う科学にとってもです。そして霊学研究者にとっても、物質界でなら、この証明の技法を活用するのは望ましいことです。私たちの研究所の仕事ぶりをよく知っている人なら、こういう証明を用いるべきところでは常にそうしている、と認めて下さるでしょう。しかし――ひどい言葉を使ってしまいますが――、夢の世界を日常意識の中に持ち込むように、高次の世界を日常世界に持ち込んで証明しようとしたら、バカとしか言いようがありません。

実際、高次の世界ついての証明法は、夢の世界を日常の意識世界に持ち込むのと同じことをしているのです。

近代社会は、この証明を当たり前のことと考えるようになりましたが、ある分野では、この証明が人びとの心の活気を、恐ろしいくらい奪っています。

宗教は、以前の形態においては、主知主義的な証明に関わるようなことにはまったく依拠していませんでした。直観に基づいていました。それが証明に基づく合理主義的な理論になってしまったのです。

その理論は、極端な代表者たちの場合、次第に、宗教全体が真実ではない、と証明しています。これはまったく当然のことです。なぜなら、夢の世界を日常意識の中に持ち込む人が異常な人になるように、物質の世界においてのみ正当性が認められる関係性を、高次の世界の中に持ち込むとしたら、高次の世界の意識にとっては、異常なことになってしまいますから。
神学は事柄をただ受け容れる実用の学になるか、それとも証明を求める学になるか、そのいずれかになっていますが、後者の立場に立つと、宗教を基礎づけるのではなく、宗教を破壊することになってしまいます。

愛する皆さん、このことを、人智学協会の内部で、鋭敏な意識で体験していなければなりません。そうでないと、はじめから全面的に、宇宙のいずこにおいても、知的、合理的な立場で、人間社会を、人生を生きることになってしまいます。

霊学研究者なら、敵に対して何かを証明してみせる必要はありません。なぜなら、私の述べることに反対するときの素材のすべてを、敵は私自身の著作から取り出す必要があるからです。私は、物質上での証明が超感覚的な事柄にとって何を意味するか、必要なときにはいつも注意を喚起してきました。敵の論難に対応するものは、どこかで私自身によって述べられています。ですから、私のことに反対しようと思ったら、大体、私の文章を書き写せばいいのです。

こう申し上げるのは、人智学協会のメンバーとして、こういう細部のすべてを意識しておいていただきたいからです。そうすれば私たちは、協会の中でしっかり立っていられます。人智学の世界観を学んで下さったのなら、物質界でも、その他のどんな世界でも、しっかり立っていられるでしょう。

　そうしたら、人間的な愛の働き、社会的な調和の働き、社会生活上のすべてを、人智学の衝動から生かすことができるようになります。そうしたら、争いと憎しみ、分裂と分派活動ではなく、どんなに孤立していようと、他の人智学徒と真に人間的な結びつきを持てるでしょう。そして、高次の世界の直観が体験できても、夢想家のように物質世界をさまよい歩いたりはせず、両足で大地にしっかりと立つことができるでしょう。なぜなら、この二つの世界を混同しようなどとは思わないでいられるからです。通常の生活の中で、物質界の現実と夢の現実を混同したりはしないように、です。

　人智学協会の中で人智学運動の本来の一員になろうと願っている人には、一定の魂の在りようが、一定の意識の在りようが求められています。この魂の在りよう、この意識の在りようを自分の中に生かそうとするなら、私たちは一人ひとり、自分の中に正しい人智学共同体を創り出すでしょう。そうしたら人智学協会もまた、可能性はすべて協会自身の中にあるのですから、花咲き、繁栄することができるでしょう。

私たちの時代の霊的背景について

京都にて

2020年12月26日

［講演］

高橋　巖

皆さん、こんばんは。本当に大変な時代の中で、こういう形でお目にかかれるというのは、私にとってもとても大事なチャンスなので、ぜひ今日は大事な問題を共有したいと思って、あれこれ考えておりました。まだ結論があるわけではありませんけれども、自分にとっていちばん切実な問題をぜひ共有していただきたい、という思いだけで来たような感じなのです。

今年（二〇二〇年）の一年前、二〇一九年のことについて、皆さんはどう思っていらっしゃるでしょうか。それぞれ貴重な記憶があると思いますし、大切な一年だったと思うのですが、二〇二〇年になって突然、世界中がコロナウイルスに襲われて今に至っていますけれども、このコロナの問題が、私にとっては、単に伝染病が世界中に拡がっているというだけではないような、何か大きな時代の動きの中での大事なメッセージが込められているような感じがものすごくするのです。

自分のことを考えても、二一世紀になってからの二〇年間は、わりと自分の問題を抱えていて、いろいろと考えるのに忙しかったような気がしますが、今、コロナ禍の中で、あらためて日本のこと、日本文化のことを考えると、日本人というのは、何か大事なものを共有する文化を持っている、とあらためて気づかされています。

例えば、何でもない挨拶でも、「いいお天気ですね」と言うとき、「お天気」を共有していますよね。「来年もいい年でありますように」と言うときの「いい年」というのも、何かそこに共有できる大事な問題を一緒に体験したいという気持ちが、その言葉の中にあらわれているような気がします。すでに日本語の言霊《ことだま》の中に、自分という個人ではなくて、他の人と共有する何かを持つという文化が生きているのではないか、という気がするのです。

いつもの私たちは、そういう形の共同体というか、社会感覚というか、そういう人間関係よりも、もっと日常の自分自身の問題のほうが大事になっていて、どうしても自分中心に、今の日常をどう生きていくか、という方向に気持ちが行ってしまっていますが、そういう日常が二〇二〇年に完全に逆転してしまいました。テレビを見ても、新聞を見ても、連日コロナの問題が中心になっています。コロナウイルスによって、否《いや》でも応でも大事な問題をみんなで共有するという方向に行っているのは、ある意味では時代からの大きな警告なのではないか、という気がするのです。

そんなことを考えていましたが、今年の最後の京都での講演は、いつも一年間でいちばん大事な問題をみなさんと共有したいという思いが強いものですから、最初のうちはルツィフェルとアーリマンという、シュタイナーがいつも言っている悪のシンボルのような存在について話してみたいと思って、シュタイナーの『悪について』（春秋社）などを改めて読み直していたのですが、十一月あたりになって、心の中でなにか大きな気持ちの動きが出てきたのです。

それは何かというと、十一月二五日に、三島由紀夫が自決してから五〇年経ちましたよね。一九七〇年（昭和四五年）の十一月二五日、三島由紀夫はものすごく派手な仕方で自決して、死ぬことで或るメッセージを伝えようとしたのだと思いますけれども、その問題が何かすごく心に引っかかっていました。そして、今日のテーマにたどり着いたのです。「私たちの時代の霊的背景について」というテーマです。

「霊的背景」という言葉が『悪について』の中に出てきます。そのわりと始めのほうに［四五ページあたり］、フィリップ・マインレンダーというドイツの思想家の問題がかなり詳しく述べられていますが、このくだりは、私にとっては、ほとんど三島由紀夫にも当てはまるのです。ああ、ドイツにも三島と同じ生き方をしていた人がいたんだ、ということが、私にとってはすごく大きな発見でした。三島由紀夫の死は、個人的な死ではなくて、大きな時代状況の表現だったことが見えてきました。コロナが単なる病気というよりも、時代状況の象徴として、警告としてあるようにです。

それで、にわかに三島由紀夫が気になっていたものの、今日はまだその問題を話すのはやめようとも思っていたのですけれども、どうしても心から離れないものですから、もう一度、私の考え方の中に、三島問題がどういう形で関わっているのか、あらためて考えてみたのです。そのことも今日、お話しできたらと思います。

今の時代、私たちが生きているこの時代が霊的にどういう時代なのか、というところから始めるのが今日のテーマの本質からずれていない、と思うので、そこからお話ししていきたいと思います。

そこで何が問題になるかというと、シュタイナーは一九世紀の終わりから二〇世紀、たぶん二一世紀までの流れの中で、新しい時代霊が今人類の中に働きかけている、ということをいろいろな形で述べていて、その時代霊を「ミカエル」と呼んでいます。シュタイナーにとって二〇世紀は決定的な分岐点にあって、その分岐点というのは、霊的な観点から言うと、時代霊が変わったのだ、ということなのですね。

私は、そう言うときのシュタイナーの「ミカエル」とか「ルツィフェル」とか「アーリマン」とかは、いつも物語として受け取っています。物語というか、象徴というか。だから、ミカエルが実際に存在するのか、アーリマンとかルツィフェルという悪の存在は実際にどこで働いているのか、そういうことではなくて、ある大きな思想の流れがあるとき、その流れを代表する名称としてアーリマン、ルツィフェル、あるいはミカエルという言葉を使っていると思うのですが、いずれにしても、ミカエルかどうかは別として、今新しい時代に移り変わってきているというのが、時代に対するシュタイナーのいちばん基本的な観点なのです。

今、横浜の朝日カルチャーセンターで、月に二回ずつ話をさせてもらっていますけれども、『ミカエルの使命』［一九一九年十一月の講義録、全六講］をテキストに勉強して、第三講あたりまで来ていますが、この第三講に、ものすごく重要なメッセージがあったのです。

私が考える時代との関係で何と言っているかというと、今の時代そのものが要求しているのは、日常のどんな働き、どんな部分を見ても、そこには物質界の働きだけではなく、霊的な働きを見ることができる、というのです。今の時代にとっていちばん大事な観点をそこに見ています。何を見ても、そこに霊的な働きを見るという課題が、今の時代の、シュタイナーの言うミカエルの時代の基本的な課題だ、というのです。

人間に対しても、植物・動物に対しても、そう言える。他人《ひと》と向き合うとき、肉体を持った特定のすがた・かたちを現わす相手を見るのではなくて、相手の中に目に見えない霊的な存在を感じとる。一人ひとりが例外なしに神様なのだ、という形で向き合う。それがミカエルの時代の基本的な課題だ……。何か途方もないことを言っているようです。

同時に、どんな一本の草花も、どんな生き物も、それを見て、そこに同じように高次の霊的な存在の働きを感じとる。日常の毎日毎日の中に霊的な体験を持つ。そこに自分を超えた尊い霊的な存在の在りようを感じとる。それがミカエルの時代の、ミカエルへの道である、というのです。

私たちにとっての基本的な課題として、シュタイナーはそういうことを述べているのです。人と会うときに、例外なしに、どんな人の中にも神様を見る、霊的存在を見る、それがミカエル的なものの考え方なのですね。

ここを読んだときに、私がなぜシュタイナーの『秘教講義』を翻訳して、みんなで勉強しなければと思ったのか、その理由が見えてきたような感じがありました。要するに、古代以来の秘儀の伝統というのは、どんな国にもありますよね。伝統的に特定の人たちのためにある秘密結社のような――バラ十字会とかフリーメーソンとか――、それぞれ秘儀の伝統がありますが、シュタイナーは、ミカエルの時代とは、すべての人が日常の中で秘儀を体験する、そういう時代のことだ、と言っているのです。

かつてヨーゼフ・ボイスという、シュタイナーの思想を学んでいる彫刻家が、「秘儀参入はセントラルステーションで行われる」と言っていて、最初のうちはよく意味が分からなかったのですが、今、『ミカエルの使命』第三講の「日常のいたるところに霊的な働きを感じとる」ということが「セントラルステーション」と結びついてきたのです。「秘儀はセントラルステーションで行われる」と言うときの「秘儀」は、かつては特定の人たちのための伝統的な秘儀の伝授だったのですが、今はどんな人の中にも秘儀が埋め込まれているので、一人ひとりは自分の内面を見ることで秘儀に参入できるのだ、というのです。だから、セントラルステーションではなくても、東京の新宿の歌舞伎町でも、あるいは京都の駅の売店の中でも、あるいは道を歩いているどんなところにも秘儀の場が用意されている。いたるところで秘儀の場に出会うことに、二〇世紀、二一世紀の人間の課題がある。そう言うのです。

これは何かすごく難しいことだと思うのですけれども、シュタイナーはそれに関して、もうひとつ大事なメッセージを述べています。それは何かというと、時代霊ということを述べているどこかの部分で、「時代霊とは何なのか。それは、対象化して考えてもどこにも見当たらない何かだ」。関わって、結びついて、それを自分の問題として受け容れたときに初めて、向こうから与えられる何かだ、と述べています。

関わって、結びついて、悪戦苦闘しているうちに向こうから与えられる何か。それが時代霊との関わりだ、と言っているのです。どんな問題でもいいのですけれども、関わって、結びつくという形が基本だ、というのです。それが時代精神、時代霊の働きだ、と。対象化して理解しようとしても理解できない。常にいたるところに霊的な働きを体験する。

具体的に言うと、人と出会って、その人の話を聞くときに、どんな話でも自分の話だ、自分の問題だ、と思って受け止める。一生懸命聞くことで、相手と自分との関係を思いきり近くする。そうすると向こうから何かを分けてもらえる、という発想なのです。

道を歩いていて、小さな公園に来たら、樹木が紅葉して、葉が落ちている。道端の草花を眺めると、小さな花が一生懸命、咲いている。それを見たときに、これこそが秘儀参入の場なのだ。そこに一生懸命、生きようとしている植物を体験する、それが現代における秘儀参入の在り方なのだ、と言うのです。このことは簡単には理解できませんけれども、シュタイナーは、関わって、結びついて、そこで悪戦苦闘すると、おのずと与えられる何かが霊的体験だ、と言うのです。目の前にある小さな草花とか、もう大木になったイチョウの並木だとか、そこに一生懸命生きようとしている植物たちの持つ「気」のような雰囲気があって、それが自分の中に流れてくると、日常の気分と違う何か植物の生命の「気」のような気分を数秒でも感じとることができたとき、日常の風景がどこか変わってきますよね。

去年、ここで社会論の話をさせていただいたときに、東京の原宿の通りを歩いていて、大勢の人がすれ違うなかで不思議な気持ちになったことをお話ししましたね。大切な出会いのチャンスが一瞬現れて消えていく。何か自分と同じ大事な生命を持つ人たちが、まったくさり気なくすれ違っている…。それは人のすれ違いだけでなく、一本の木であっても、一本の草花であっても、今そこで自分が出会ったその生命、それが何か途方もないものだ、という実感を数秒間でも持つことができたら、それはシュタイナーの言う霊的体験なのですね。どんな日常の中にも霊的体験を見つける、あるいは感じとる。それがミカエルの時代の課題だ、というのです。なんか私にとってその問題がすごく大事なことに思えてきました。どんな人と出会っても、どんな人の中にも、途方もない神様が感じとれる。感じとれなかったらおかしいのではないか、という感じです。こうした感じが自分の中で、すごく身近な大事な問題になってきたとき、思い出したことがあります。

子供のときに住んでいた家のすぐ裏手に稲荷《いなり》神社がありました。小学校に行くとき、いつもその神社の前を通っていたので、とても親しい感じだったんですね。稲荷神社の、何百本という竹の棒の旗に「大願成就《たいがんじょうじゅ》」と書かれていて、子供心に「大願成就」という言葉がすごく印象に残っていたのですけれども、ずっと後になって、柳宗悦さんの『南無阿弥陀仏』という本――私にとっては聖書のような本ですけれども――を読んでいたら、大願成就のことが出ていて、どんな人間であろうと悪人であろうと罪人であろうと、仏がすべてを救う願《がん》をかけ、そう仏の願が成就した、というのです。その証《あかし》として「大願成就」という旗が小さな稲荷神社にいくつもかかっていたのです。仏の願い、大願がすでに成就している。

『南無阿弥陀仏』の中では、「地獄に落ちても」と言っています。どんな人間のためにもすでに仏の往生、どんな人も成仏できるという願いはすでに成就している。どんな人間も現在は同じ存在なのだ、同じ仏なのだという考え方、大乗仏教の基本中の基本ですよね。

ちなみに、ずっと以前、『大乗起信論』というやけに難しい本で勉強会をしていたことがありました。何回読んでも意味が分からないので、また始めからやり直すということをくり返しているうちに、結局その勉強会は何となくうやむやに終わった記憶があるのですけれども、あのとき、『南無阿弥陀仏』を副読本にしていれば全然違ったと思います。

その『大乗起信論』は、大乗仏教のいちばん基本的な文献ですけども、そこに「和合《わごう》」という言葉と「相即《そうそく》」という言葉が出てきます。それから、「生滅《しょうめつ》」と「不生不滅《ふしょうふめつ》」も。「生滅」と「不生不滅」ですから、どうにも結びつきませんよね。ところが、「生滅でも不生不滅でもなく、一でも異でもなく」とある。「ひとつに和合する、それを阿頼耶識《あらやしき》という」と書いてあったのです。生滅、不生不滅、それが生滅でもなく、不生不滅でもなく、ひとつに結びついている状態、それが「阿頼耶識」だ、と。

それで、おそらく「阿頼耶識」の解釈は、『大乗起信論』と他の解釈とではだいぶ違うのではないかと思うのですけれども、『大乗起信論』では、そういう言い方で説明しているのです。そういえば、三島由紀夫さんが「阿頼耶識」にこだわっていたことがあるんですね。三島さんが亡くなったのは、一九七〇年ですけれども、その数年前のことだと思いますが、サドの翻訳でも知られた澁澤龍彦さんが——澁澤さんは北鎌倉に住んでおられて、私は何度か遊びに行ったことがありますが——、あるとき三島由紀夫の話をしていて、「この前、会ったら、しきりに阿頼耶識というんですよ」とおっしゃる。「番町皿屋敷ならわかるけどね、阿頼耶識？と答えた」そうですが、これ澁澤さん一流のジョークですよね。ともかく亡くなる前の三島は「阿頼耶識」に関心があったことが分かります。

　そこで何が言いたいのかというと、先ほど紹介しましたシュタイナーの『悪について』のフィリップ・マインレンダーと三島由紀夫がどんなに同じ想いで死んでいったのかということなのですね。さきの『悪について』のくだりで、すごく見事に説明されているのです。

　シュタイナーが言うには、真剣に時代を考えている思想家だったら、どんな時代に生きていても、その時代の運命と自分の運命をいつもひとつに結びつけて生きている、それが思想家であることの証だ、と。マインレンダーは、徹底的に時代の状況の中を生きた思想家だった。一九世紀の半ば頃の思想家です。でも、当時のヨーロッパは、自然科学で教育を受けた人であればあるほど、どうあがいても唯物論へと傾かざるを得ないので、唯物主義で時代とひとつに結びつこうとしていた、というのです。真剣な思想家であれば必ずそうなる。時代の運命を自分の運命と結びつけなかったら、思想家ではない、ともシュタイナーは語っています。

　それでマインレンダーは、時代の唯物論の中で一生懸命自然科学の勉強をして、しかも霊的な感覚を持っていたので、自分の中の霊的な働きをどうやって言葉にするか、そのことで思想家としてすごく悩んだ、というのです。

それでさんざん悩んだ結果、マインレンダーは、過去の時代の中に霊的な働きがたしかにあったけれども、その霊的働きは死んでしまったという結論に達せざるを得なくなったというのです。今の時代をいくら誠実に、時代に即して生きようとしても、そうすればそうするほど唯物主義の立場にしか立てない。彼はそのことにすごく苦しんで、それで三五歳で死ぬのですけれども、そのときにシュタイナーが言うには、自殺するのは霊的にあってはならないことだけれども、マインレンダーがさんざん思想家として悩んで苦しんだ末に、この世で生き続けるよりも、死んで霊界から働きかけるほうが時代のために役立つと思って自殺したその想いは、今の時代にとって最大に重要な想いだ、だからマインレンダーの存在は、今の時代を生きているわれわれにとっては最高に感謝すべき出来事だ、と述べているのです。

何かまるで三島由紀夫について書いているような気がしました。三島由紀夫も悪戦苦闘しました。特に戦争中に一〇代を過ごして、戦後を迎えて、その戦後の状況が三島にとっては、どうしても納得できなくて、悪戦苦闘するのですが、マインレンダーと同じように答えが見つかりません。その答えが見つからない苦しみのあまり、三島も自殺するのですけれども、シュタイナーは、その自殺することが、今の時代にとってどれほど大事なことと結びついているか、それを理解しなければならない、というのです。このことは三島についても言えるのではないかと、私には思われたのです。よかったら、ぜひ『悪について』のマインレンダーのところ、読んでみて下さい。

　で、私は、三島由紀夫と縁が全然なかったわけではありません。彼が亡くなる直前に、最後の長編（『豊饒の海』四部）を送っていただいたことがあります。お目にかかったことがなかったのに、署名入りで、私の名前まで書いて送ってくださったのです。普通だったら、お礼状を出して、どうして私への献本なのかを伺おうとしたでしょうね。けれども、当時の私はすごいバカで、そういう形でコミュニケーションをとるということをしなかったものですから、そのままにしていた…。それが突然亡くなってしまって、あらためてびっくりした、というような関係なのです。おそらく彼は、私が書いた『ヨーロッパの闇と光』（新潮社、一九七〇年二月刊）をお読みになって、その中に何か彼にとっての大事なメッセージを読み取ってくださったのだと思うのです。

　そういう中で、今、あらためて三島由紀夫を一生懸命読み返しています。もしよければ、みなさんにも読んでいただきたいと思う本が二冊あって、ひとつは、『太陽と鉄―私の遍歴時代』（中公文庫）、もうひとつは『文化防衛論』（筑摩文庫）です。

　『太陽と鉄』はエッセイと対談からなるもので、亡くなるちょうど一週間前に、古林尚さん（文芸評論家）が聞き手となってインタビューを受けたものです（「三島由紀夫最後の言葉」）。はじめ三十分という約束だったのが、二時間という長い対談になってしまったとのことですが、亡くなる一週間前ということもあって、今読み返してみると、三島の気持ちがいろんな風に、今の問題として、あるいは自分の問題として感じとれるのです。ちょっと読ませていただきます。

三島　ぼくは、文武両道は最終的には分けられないものだと思います。文武両道は、そんなに器用な相対主義じゃない。最終的に一致しなきゃならんものを、いちおう、分けるだけです。ひとまず分けて、文もやる、武もやる――これがぼくの現在です。

これ、ほとんど『大乗起信論』の言う「和合」ですよね。生滅と不生不滅。生でもなく滅でもない、それを阿頼耶識という、そう『大乗起信論』は言っていますけれども、ここで三島はそれと同じことを、阿頼耶識のことを「文武両道」で語っているのですね。「文もやる、武もやる――これがぼくの現在です。」

三島　そして現在の問題としては、ぼくがたとえば思想運動みたいなことをやっているとしても、ぼくの小説がちょっとでもその影響を受けたりしたらぼくは負けだと思っているんです。小説も書くときには、全エネルギーを投入して書きたい。それから思想運動なり、行動に移るときには、まあたいした行動ではないけれども、それをやるときには、若い者に負けないで、もうこの歳になるんですが「と言ったって、まだ四十代ですよね」、死ぬまでやろうという気持ちでおります。

そうすると、マルクス主義系の古林さんが——

古林　三島さんが政治に深入りしない理由、つまり石原慎太郎みたいに代議士になったりしない理由は、いまのその考え方と関係があるんですね。

三島　ありますね。ぼくは純粋でなきゃイヤだから、自民党からビタ一文だって貰いたくない。彼らから資金を貰ったら、ぼくのやろうとしていることはダメになります。はっきり言ってぼくは未だに反政治主義者です。いま、ぼくのやろうとしていることは、人には笑われるかもしれないけれど、正義の運動であって、現代に正義を開顕するんだという目的を持っているんです。

フィリップ・マインレンダーの場合は「神」なのですけど、三島の場合は「正義」なのですね。

三島　現代に正義を開顕するんだという目的を持っているんです。吉田松陰の生き方ですよ。正義を開顕する以外にすることはない。

そうすると、古林さんが——

古林　〈楯の会〉がですか……。私は精神運動には興味がなくて、人間というものは、おのがじし自分の選択と意志で生きるほかはないんじゃないか、それが結果として、社会変革に結びつけば、それで十分だ、と思っているんです。他人様からお仕着せの正義を押しつけられるなんていうのはイヤですね。

三島　ぼくには正義が問題です。どう言われようとやります。

もうひとつは、『文化防衛論』という本です。これも最晩年の三島のいろんな想いがこもっている内容ですけれども、この中に、三島が自決する年一九七〇年の、七が続きますけど、七月七日、「果たし得ていない約束——私の中の二五年」というエッセイがあって、ここにも三島の気持ち、マインレンダーに通じる三島の気持ちが出ているので、ちょっと読んでみます。ここでは「戦後民主主義」というものがどのぐらい三島にとって異質なものだったか、ということを書いています。冒頭はこんな風です。

> 　私の中の二十五年間を考えると、その空虚に今さらびっくりする。私はほとんど「生きた」とはいえない。鼻をつまみながら通り過ぎたのだ。
>
> 　二十五年前に私が憎んだものは、多少形を変えはしたが、今もあいかわらずしぶとく生き永らえている。生き永らえているどころか、おどろくべき繁殖力で、日本中に完全に浸透してしまった。それは戦後民主主義とそこから生ずる偽善というおそるべきバチルス［「バチルス」は細菌です。ウイルスと同じようなものですよね］である。

　三島の中の死ぬまでの二十五年を振り返っているのですけれども、この短いエッセイの最後がすごいのです。最後だけ読ませていただきます。

> 　自分では十分俗悪で、山気もありすぎるほどあるのに、どうして「俗に遊ぶ」という境地になれないものか。われとわが心を疑っている。私は人生をほとんど愛さない。いつも風車を相手に戦っているのが、一体、人生を愛するということであるかどうか。
>
> 　二十五年間に希望を一つ一つ失って、もはや行き着く先が見えなくなってしまったよう

な今日では、その幾多の希望がいかに空疎で、いかに俗悪で、しかも希望に要したエネルギーがいかに厖大であったかに唖然とする。これだけのエネルギーを絶望に使っていたら、もう少しどうにかなっていたのではないか。

三島が自分の日常を憎んでいるのですね。それで、最後の結論です。

　私はこれからの日本に大して希望をつなぐことができない。このまま行ったら「日本」はなくなってしまうのではないかという感を日ましに深くする。日本はなくなって、その代わりに、「ここからがすごいのですけれども」無機的な、からっぽな、ニュートラルな、中間色の、富裕な、抜目がない、或る経済的大国が極東の一角に残るのであろう。それでもいいと思っている人たちと、私は口をきく気にもなれなくなっているのである。

　これが亡くなる年の七月七日のメッセージなのです。三島由紀夫のすごいところは、全身全霊で時代と結びつこうとしたのですね。結びつく、というのは、好きになるということでも、嫌いになるということでもあるのですよね。三島は嫌いだったのだけど、でも結びついたのです。徹底的に結びついて、結びついた結果、フィリップ・マインレンダーと同じように、死ぬことにしか希望が見出せなかった。でも恐らく三島にとったら、死んだら自分は霊界から、日本のために力を送るつもりだったと思うのです。

この考え方と、もうひとつ、戦後民主主義についての重要なメッセージを見つけたので、これも紹介したいと思います。白井聡さんの『永続敗戦論』です。これは以前単行本で持っていたのですけれども、講談社のアルファ文庫という文庫になって今簡単に手に入るものですから、みなさん興味があったら読んでみていただきたいのです。まだ若い評論家ですけど、文庫版の表紙には、「日本人の必読書　現代日本の問題を根源から鋭く透視した名著　待望の文庫化」とあります。私が注目したのは、この本の三九ページ、「無責任」の深遠、という小見出しのあるくだり、戦後民主主義についての文章なのです。

〈日本的無責任〉あるいは〈無責任の体系〉といった言葉は、口に出してしまえばシンプルである。だが、われわれは、その「無責任」の深淵を見た。
　われわれのうちの多くが、「あの戦争」に突っ込んでいったかつての日本の姿に現在を重ね合わせてみたことだろう。大言壮語、「不都合な真実」の隠蔽、根拠なき楽観、自己保身、阿諛《あゆ》追従《ついしょう》、批判的合理精神の欠如、権威と「空気」への盲従、そして何よりも、他者に対して平然と究極の犠牲を強要しておきながらその落とし前をつけない、いや正確には、落とし前をつけなければならないという感覚がそもそも不在である、というメンタリティ……。これらはいまから約七〇年前、三〇〇万にのぼる国民の命を奪った。しかもそれは、権力を持つ者たち個人の資質に帰せられる問題ではなかった。つまり、偶然的なものではなかった。戦争終結直後、丸山眞男は、東京裁判において、「別にそれを望んだわけではなくどちらかと言うと内心反対していたのだが、何となく戦争に入っていかざるを得なかったのだ」としか証言できない戦争指導者たちの言動を見ながら、満身の怒りをもって「体制」そのもののデカダンスを指摘した。［これは丸山眞男です］

原発事故以後、私は［「私は」というのは白井聡さん］、とうの昔に読んで知っているはずの丸山の日本ファシズム分析を読み返して、それが恐ろしいまでの現実感を伴って迫ってくることを認めないわけにはいかなかった。笠井潔は、太平洋戦争の経緯を概括した上で、次のように述べている。

《一目瞭然と言わざるをえないのは、戦争指導層の妄想的な自己過信と空想的な判断、裏づけのない希望的観測、無責任な不決断と混迷、その場しのぎの泥縄式方針の乱発、などなどだろう。これらのすべてが、二〇一一年の福島原発事故で克明に再現されている。》

まさしくその通りであるが、もっと言えば、「これらのすべて」は、再現されただけでなく、それが事故そのものを準備した張本人である。原子力政策をめぐって政府・東京電力と対立した末、冤罪《えんざい》（国策捜査）の疑いの強い収賄事件の追及によって職を追われることとなった元福島県知事の佐藤栄佐久は、次のように述べていた。

《［二〇〇五年］一〇月一一日に開かれた国の原子力委員会で「原子力政策大綱」が了承され、一四日の閣議で国の原子力政策として決定されることとなった。……

しかし、この大綱を決めた原子力委員並びに策定会議委員一人ひとりに、この核燃料サイクル計画が本当にうまく行くと思っているのかと問えば、実は誰も高速増殖炉がちゃんと稼働するとは思っていないだろうし、六ヶ所村の再処理施設を稼働して生産されるプルトニウムは、プルサーマル程度では使い切ることはできないと思っているであろう。使用済み核廃棄物の処分方法について具体案を持っている人もいないのである。

しかし、責任者の顔が見えず、誰も責任を取らない日本型社会の中で、お互いの顔を見合わせながら、レミングのように破局に向かって全力で走りきる決意でも固めたように思える。つい六〇年ほど前、大義も勝ち目もない戦争に突き進んでいったように。私が「日本病」と呼ぶ所以だ。》

最後の引用文は、元福島県知事の佐藤栄佐久さんの文章です。何か戦後民主主義というのが、三島が危惧したのとまったく同じように現在に到って、完全に腐敗して、戦争中の軍部と同じような論理で、同じような感覚で今政府が営まれているというのが、何か信じられないような気がしますけれども、また戦争のときと同じ雰囲気が日本の中に現れていることへのコロナウイルスの警告とも読めますよね。コロナウイルスによって、個人的な問題に集中して生きていた私たちが、また共通の問題と出会っている、という感覚でしょうか。

今の全体の問題も含めて、今日ここで一緒に考えたいと思った「ミカエルの時代」についてなのですけれども、あらためて今必要なのは、自分とは何か、自分の中の神様をどう見つけるか、という問題なのです。シュタイナーは、ミカエルの時代には、相手の中に神様を見る、動物・植物の中に神様を見ると言っていましたけれども、でもいちばん重要なのは、「私の中にどんな神様を見るか」です。

シュタイナー自身はこの問題について、ミカエルというのは意識化の神様だと言っているのです。ミカエルの時代を生きるということは、自分は自分だということにどのぐらい意識的であるか、つまり自意識の神様がミカエルだ、と言っているのです。時代が戦争中と変わりなく、戦後民主主義という名前の虚偽――三島はそう言っていますけれども――、そうした戦後民主主義という虚偽がまかり通っているとすると、シュタイナーが言っている通り、ミカエルは意識化の神として自分の中に生きている、ということがあらためて重要だと思うのです。

三島は日本の伝統文化をとても重要視して、フィリップ・マインレンダーと同じように過去に神を見て、現代にはいくら見回してもどこにも神が見当たらないというマインレンダーの発想と同じように、三島は日本文化というところに救いを見出したのです。日本の伝統的な文化は天皇中心の文化なので、三島は天皇を通して、過去の伝統的な文化を取り戻そうとしたのではないかと思うのです。

シュタイナーは、伝統文化に頼っても、現代はそれによって癒されないし、健康にもなれない、というのですね。例えば、日本では、「仁義礼智信」という儒教の教えが学ばれましたよね。仁義礼智信に従って生きる。でもシュタイナーは、仁義礼智信で生きるのではなく、今は、自分ですべてを判断しなければならない時代が来た、私は私である。その自意識の神のミカエルを自分の中に見出すという作業がいま問われている、というのです。自分の中にミカエルが生きている。そのミカエルは自意識の神様として生きているので、いざというときは、「私は私である」という立場に立つことがミカエルの立場なのだ、と。

シュタイナーにとっても、三島のように、過去の伝統的な文化では何の役にも立たない、と言うのです。まったく新しい態度を自分で見つけるしかない、と。その自分で見つけるしかないということを、悪戦苦闘しながら、結果はどうでもいいのですけれども、時代に関わっていくと、時代そのものが何かを与えてくれる、というのです。ともかく関わる、ということが今の時代にはいちばん大事だ。何も関われないと、何も始まらない。

柳宗悦さんの『南無阿弥陀仏』で学んだのですけれども、キリスト教では「叩けよ、さらば開かれん」だけど、「開かれつるに叩くとは」が仏教だ、というのですね。もう開かれているのだから、わざわざ叩かなくていい、というのです。でも、仏教でも唯一必要なのは、関わることだ。関わろうとしないと、いくら阿弥陀様の大願が成就したと言っても、それは自分との関係にならない。ともかく、関わる。仏教ではそうした関わりを「南無阿弥陀仏」「南無妙法蓮華経」と言いますよね。一回でも二回でもそれを唱えると、関わることになる。そうしたら今度は仏のほうから無条件で、「あなたは救われている」と囁《ささや》いてくれる、というのです。あなたは救われています。地獄にいても、仏陀は、あるいはキリストは、「あなたは救われています」と囁く。関わって、結びつけば、その声が聞こえるようになるので、関わって、結びつく、ということが大事なのだ。それがシュタイナーのメッセージのようなのです。何でもいいから関わる。しかも、自分は自分であるという立場で関わる、というのです。

この「自分は自分である」という関わり方、それをついこの前、横浜のカルチャーセンターで、「今を生きる」というテーマで話をするようにと依頼されたとき、チラシを作るので何か文章を書いてくれと言われて、思いついて書いた文章あります。

なぜ私が今ここにいるのか。それはたまたまなのか。何らかの必然性がそこにあるのか。どんな意味があるのか。今私を生きるように促しているのは、私の中の自分なのか。それとも私の中の他者なのか。

こんな文章を書いたのです。今日の最後にお話ししたいのは、自分の中にもうひとりの自分がいる、という自己認識です。シュタイナーは、人を見たら、どんな人にも霊的な働きを感じとる、ということを「ミカエル」と言いましたし、もうひとつは、動物も樹木もみんな仲間なのだ、自分と同じくらい尊い存在だと思うことを大事にしたのです。けれども、この問題を考えているときに、あらためて気がついたことがあります。

アサガオの種ひとつ取り出しても、その種と同じものを作ることは人間にはできない。ニワトリが産んだのと同じ卵を、どんなに現在のテクノロジーを駆使して作ってみたところで、その卵からヒナは生まれない。人間の知的な能力というのは、アサガオの種ひとつ作れない。そういうレヴェルの技術なのです。言い換えると、人間というのは、すべて大自然によって産み出されたものを無条件に受け入れて、それに手を加えて自分が作ったかのように錯覚しているだけのことで、実は人間の能力というのは、レヴェルから言うと、植物・動物と大して違いがないのです。

与えられたものだけをうまく利用する、それを戦後民主主義、あるいは資本主義と呼んでいるだけのことで、実際はアサガオの種ひとつ作ることのできない唯物論者なのです。私たちは徹底的な唯物論者で、生命のことにはまったく無関係で、ただ与えられたものを自分のものだと思っているだけです。その点では、日本人も、ヨーロッパ人も、アメリカ人も、同じように傲慢です。その傲慢さが、たぶん植民地を平気でつくり出したり、そこにいる先住民たちを奴隷としてこき使ったりできるのだと思うのです。けれども、他の人間を奴隷のようにこき使える人間なんて、この世にはいませんよね。アサガオの種ひとつ作れないわけですから。そんな無力な人間が地球上で主人のように威張《えば》ることなんてありえないことです。けれども今の人間はひたすら傲慢で、地球そのものを自分たちが支配できると思っているのです。

　昨日夜遅く、新幹線で京都に来たのですけれども、その列車の中にパンフレットが置いてあって、いつも内容がとてもおもしろいので、楽しみにして今回も見ていましたら、そこに恐ろしい警告が出ていました。日本の土地がどんどん売られ、外国人のものになっている、というのです。諸外国では特定の制約のもとに、そうしたことを食い止めているのに、日本だけはまったく何の制約も課せられていないので、外国人が日本の土地を勝手に買いまくっている。ことに北海道ではいろんな人がいろんな土地を買っているので、値段が上がっている。そんな警告が出ていたので、やっと今頃、と思ったのですけれども。「水が売られている」という内容の本（堤未果『日本が売られる』幻冬舎新書）を以前読んだことがあって、水が外国の資本に買い取られていて、いつか日本の水が外国人の手でコントロールされてしまう。しかも、国からの規制が何もない状態で、土地も水も売られている、という警告の本でした。

人間がどれほど愚かであるかということがあらためて自己認識の中で必要になっている時代です。他の人間の中に霊的なものを見たり、動物・植物の中に霊的なものを見たり、自分自身の中に霊的なものを見たりするとき、その霊的なものというのは恐らく時代霊ミカエルのことで、そのミカエルが今自分の中で、さながら三島由紀夫のように怒っているのだろう、と思うのです。その第二の自我、霊我は、自分に怒っている。地球の土地を母なる大地と思えなくなっている人間に怒っているというのです。

最後にロウソクの火のこと――シュタイナーの『ミカエルの使命』の最後の第六講の中に出てくる――をお話しして、今日の話を終わりたいと思います。

シュタイナーはミカエルのことを時代霊だと言ったり、自分の中のミカエルについて語ったたり、どんな感覚的知覚の中にもミカエルを感じとることができると言ったりしていますが、その自分の中の他者、自分の中のもうひとりの自分としてのミカエルを体験するために、ロウソクの火のことを引き合いに出すのですね。

部屋を暗くして、ろうそくに火を灯し、ジッとその焔《ほのお》を見つめた後で、その焔をふっと消して目をつぶると、自分の瞼の裏にロウソクの火がまだ残っていて、やがて消えてしまう…。このプロセスは実は個人のプロセスではなくて、宇宙全体にとって大事なプロセスだ、というのです。何でロウソクの火かというと、いちばん何でもないことの例として挙げてくれたのだと思うのです。

　私たちのどんな心の内面も個人のものだけではない、というところに、シュタイナーはミカエルの使命を感じているのです。どんな心の動きも、です。ロウソクに火を灯して、それを消して、目を閉じて、自分の中のロウソクの火が消えるというのは、いちばんどうでもいいことだと思うのですけど、そのいちばんどうでもいいことが宇宙的な大事な課題と結びつく。どんな心の動きも、単なる主観的で個人的なものであるだけでなくて、客観的で宇宙的なものでもある、というのです。

　『ミカエルの使命』の第六講の、そのロウソクの部分は、何度読み直しても何か大事な課題を述べているような気がします。何が言いたいのかというと、ここでは、どんな人間の個人的な体験も宇宙にとって大事な体験だ、そう思えるということが、自分との関係を霊的にするいちばん大事な土台になる、と言いたいのです。

　ロウソクの火をじっと見て、あとでそのロウソクの残像が消える、ということだったら、どんな人でもできますよね。どんな人でもできる何かが宇宙的な大事な体験になっているという、これがシュタイナーにとってのミカエルなのです。言い換えると、どんな人も例外なしに、他の人とまったく同じように神的な存在である。つまり、どんな人も存在として優劣はない、と考えるのです。シュタイナーは、これが人智学の基本だ、と言っています。

それを保証してくれるのがロウソクの火なのですね。ロウソクの火を見つめて、目を閉じたあとで、その焔が残っている。言い換えると、どんな感覚体験も、もっと高級な話をすれば、ある音楽を聴いてその音楽の余韻に浸っている、そのこと自体が自分の音楽体験ではなくて、宇宙にとっての大事な体験だ、という感覚なのです。どんな人間の心の動きも単なる主観的な個人的なものではなくて、客観的で宇宙的なものだ。私たちがそれを前提として生きることができるのか、とシュタイナーは言いたいのです。それを前提にして生きることができなければ、人智学を学んだとは言えない、と。

どんな人の心の動きも客観的で、霊的なのだ。どんな人の心の動きも、宇宙にとってかけがえのない大事な存在なのだ、大事な体験なのだ、ということを踏まえると、人智学なのです。だからいろんな形でシュタイナーが述べていることは、結局はここまで来るのです。どんな人の心の動きも、客観的に宇宙的に大切なことだと思えたら、世の中に対する目は変わりますよね。言い換えると、どんな戦後民主主義の一見堕落した心の動きでも、宇宙的に見れば大きな宇宙的な体験だというくらい、全体を広く包み込もうとする、それが人智学だ、とシュタイナーは言いたいのです。

今日、お話ししたかったのは以上なのですけれども、どうでしょうか。共有できる問題でしょうか。いろんな点で納得のできないことを申し上げたような気もするのですけれども、でもシュタイナーの言いたいことは、「いっさいの差別は意味がない」、ということです。どんな差別も意味がなくて、この世にとって役に立つかどうかという差別が本質なのではなく、霊的な関係から言うと、動物も植物も人間もみんな仲間だ、という発想です。どんな存在も仲間だと思うと、道を歩いていて、自分が踏んでいる大地も仲間ですし、道端に咲いている草花も仲間ですし、イチョウの並木通りを歩いているときの並木の、イチョウの葉の一枚一枚も仲間です。そういう大勢の生命の仲間と一緒に、私たちは今ここで生きている、という発想になります。

存在のいちばん根底にある存在論、シュタイナーの実存主義です。

ありがとうございました。

訳者あとがき

今、私たちが生きている、というか、生かされているこの地球は、本当に「母なる大地」なのでしょうか。本書でシュタイナーが強調しているように、どんな物体にも霊性が働いているのなら、その霊性は母性なのでしょうか。そうだとしたら、その母性を、その母性愛を私たちすべての人間のためにも、鉱物、植物、動物のためにも働かせてくれている「お母さん」は、二一世紀の現在、二〇世紀から引き続いて、ありとあらゆる手段で痛めつけられ、殺されそうになっています。

聖なる、母なる大地が、聖性をうばわれて国土になり、今はお金で売り買いできる不動産という商品になり下がっているからです。お母さんが今、切り売りされています。株の取引で手に入れたお金でお母さんを買った誰かは、そのお母さんを自分のものだと思い込んでいます。すでに地球を見捨てて、他の惑星に移り住む可能性を考えている人さえいます。

本書でのシュタイナーはひたすら、「みんなで森羅万象を、そして何よりもみんなで人間をもっと大切にしよう！」と言っています。それができないなら、巻末に掲載させていただいた『私たちの時代の霊的背景について』に出ている三島由紀夫とフィリップ・マインレンダーのように、自死するほうが、お母さんのためになるかもしれません。

二一世紀という危機の時代の中で本シリーズを世に問うことができるのを、最後にあらためて、読者の皆さま、春秋社の皆さま、本シリーズでの出版を企画してくれた高梨公明さんと飯塚立人さんに感謝しております。

二〇二一年一〇月一八日

高橋　巖

プロフィール

ルドルフ・シュタイナー　Rudolf Steiner（1861-1925）

ハンガリーのクラリエヴィェベック（現クロアチア）に生まれる。ウィーン工科大学卒業。ゲーテ学者、哲学者として活躍した後、1902年、神智学協会ドイツ支部書記長に就任。13年、神智学協会を離れ、人智学協会を設立。霊学的観点から新たな総合文化の必要性を説き、その影響は宗教、芸術、教育、医療、農法、経済など、広範な分野に及ぶ。1925年、スイス・ドルナハにて逝去。著書・講演録多数。

高橋　巖　Iwao Takahashi

東京、代々木に生まれる。慶應義塾大学文学部大学院修了後、ドイツに留学。ミュンヘンでドイツ・ロマン派美学を学ぶなか、シュタイナー思想に出会う。1973年まで慶應義塾大学で教鞭をとる（美学・西洋美術史を担当)。1985年、日本人智学協会を設立。著書に『神秘学講義』『シュタイナー哲学入門』ほか、訳書に『シュタイナー・コレクション』全7巻、『秘教講義』全4巻ほか。

ミカエルの使命　人間本来の秘密の開示　危機の時代の人智学 3

2021年11月20日　第 1 刷発行

著　者＝ルドルフ・シュタイナー
訳　者＝高橋　巖
発行者＝神田　明
発行所＝株式会社　春秋社
〒101-0021 東京都千代田区外神田 2-18-6
電話　(03)3255-9611（営業）
(03)3255-9614（編集）
振替　00180-6-24861
https://www.shunjusha.co.jp/
印刷所＝株式会社　太平印刷社
製本所＝ナショナル製本協同組合
装　丁＝本田　進

ISBN978-4-393-32557-5 C0010　定価はカバーに表示してあります。

ルドルフ・シュタイナー著作選　高橋　巖[訳]

シュタイナーの言葉

かげがえのない今を生きるために……。自己に目覚めつつ、感受性を磨き、魂を鍛える方途。シュタイナーの統一的な全体像がよくわかる78の主題と変奏。編集＝飯塚立人　2750円

バガヴァッド・ギーターの眼に見えぬ基盤

人智学を生活の中に生かす道。今を生きる実感を求めて、古代の偉大な叡智に学ぶ。現代の「状況」を自由に生き、新しい価値観を共有することで、寄る辺なき時代を切り抜ける思想。　2970円

秘教講義 1

シュタイナー人智学、究極のテキスト。真の自己認識への道。「霊学自由大学第一学級のための秘教講義」全一九講。長らく非公開だった奥義書（一九二四年）の全面初公開。　5280円

秘教講義 2

現代人の霊性探究、内面への旅を鼓舞する希有の書。「霊学自由大学第一学級のための秘教再講義」全七講、プラハ・ベルン・ロンドン講義、クリスマス会議より三つの講演。　4950円

シュタイナーの瞑想法　秘教講義 3

初期秘教講義（一九〇三〜〇九年）。個としての魂の力をいかに強め、現在・未来に備えうるか。〝私〟を更新し、日々生まれ変わって生きるための個人的な瞑想指導の実践と方法。　2640円

シュタイナーの瞑想・修行論　秘教講義 4

人智学の本質へ。『人間の自己認識へのひとつの道』（一九一二年）『オカルト上の進歩の意味』（一九一二年）『霊界の境域』（一九一三年）『人智学21年後の総括』（一九二四年）を収録。　5280円

▼価格は税込（10％）